Felix Claus
Beiträge zur automatischen Erkennung von Kindersprache

TUDpress

Studientexte zur Sprachkommunikation
Hg. von Rüdiger Hoffmann
ISSN 0940-6832
Bd. 74

Felix Claus

Beiträge zur automatischen Erkennung von Kindersprache

TUDpress

2014

Die vorliegende Arbeit wurde unter dem Titel „Beiträge zur automatischen Erkennung von Kindersprache" von der Fakultät Elektrotechnik und Informationstechnik der Technischen Universität Dresden zur Erlangung des akademischen Grades eines Doktoringenieurs (Dr.-Ing.) als Dissertation genehmigt.

Vorsitzender: Prof. Dr.-Ing. E. Jorswieck, TU Dresden

Gutachter: Prof. Dr.-Ing. habil. R. Hoffmann, TU Dresden
          Prof. Dr.-Ing. G. Flach, HTW Dresden

Tag der Einreichung: 10. März 2014
Tag der Verteidigung: 11. April 2014

Bibliografische Information der Deutschen Nationalbibliothek
Die Deutsche Nationalbibliothek verzeichnet diese Publikation in der Deutschen Nationalbibliografie; detaillierte bibliografische Daten sind im Internet über http://dnb.d-nb.de abrufbar.

Bibliographic information published by the Deutsche Nationalbibliothek
The Deutsche Nationalbibliothek lists this publication in the Deutsche Nationalbibliografie; detailed bibliographic data are available in the Internet at http://dnb.d-nb.de.

ISBN 978-3-944331-60-7

© 2014 TUDpress
Verlag der Wissenschaften GmbH
Bergstr. 70 | D-01069 Dresden
Tel.: +49 351 47969720 | Fax: +49 351 47960819
http://www.tudpress.de

Alle Rechte vorbehalten. All rights reserved.
Gesetzt vom Autor.
Printed in Germany.

Danksagung

An dieser Stelle möchte ich mich bei allen Personen bedanken, die mich bei der Anfertigung der vorliegenden Arbeit unterstützt und ermutigt haben. Dies sind alle Mitarbeiter der Arbeitsgruppe von Herrn Professor Rüdiger Hoffmann des Instituts für Akustik und Sprachkommunikation der TU Dresden. Mein Dank gilt insbesondere Frank Duckhorn, Guntram Strecha und Sören Wittenberg für die vielen fruchtbaren Diskussionen und Hilfestellungen beim Umgang mit dem Spracherkennungssystem der TU Dresden. Weiterhin möchte ich mich bei allen Personen der Mittagsrunde bedanken, die durch interessante Diskussionen die Arbeit am Institut bereichert haben und stets für neue Energie und Denkanstöße gesorgt haben. Weiterer Dank gilt Horst-Udo Hain, Karina Matthes und Rico Petrick für die Zusammenarbeit und die vielen hilfreichen Tipps, insbesondere zur Themenfindung, dem generellen Ablauf der Arbeit und Konferenzbesuchen. Kathrin Möbius möchte ich für die vielen fachübergreifenden Diskussionen danken, welche mir die Sichtweise zur Kindersprache aus einem psycholinguistischen Blickwinkel näher gebracht haben.

Besonderer Dank gilt meinen zwei Betreuern Herrn Professor Rüdiger Hoffmann von der TU Dresden und Frau Professor Gudrun Flach von der HTW Dresden. Herrn Professor Hoffmann möchte ich dafür danken, dass er in seiner Rolle als Doktorvater stets ein offenes Ohr hatte und mich mit seiner positiven Sichtweise motiviert hat, diese Arbeit zu schreiben. Das Interesse an meiner Arbeit und die positive Betrachtungsweise von Frau Professor Flach haben mich in der Umsetzung weiter bestärkt.

Während meiner Arbeit erhielt ich ein Stipendium der Sächsischen Aufbaubank, welches es mir ermöglichte, meine volle Aufmerksamkeit in die Anfertigung dieser Arbeit zu stecken, wofür ich ebenfalls sehr dankbar bin. Mein größter Dank gilt jedoch der Tatsache, dass mir die Möglichkeit zu promovieren gegeben wurde. Neben der Erlangung von fachlichen Erkenntnissen, hat dieser Lebensabschnitt dazu geführt, dass ich mich in einer Art und Weise menschlich weiter entwickeln konnte, die ohne die Arbeit an der Dissertation nicht möglich gewesen wäre.

Dresden, März 2014 *Felix Claus*

Inhaltsverzeichnis

Inhaltsverzeichnis	vii
1 Einführung	**1**
1.1 Anwendungsfelder	1
1.2 Einflussfaktoren auf die Leistung von Spracherkennern	1
1.3 Sprecherabhängigkeit von Spracherkennungssystemen	2
1.4 Zielstellung der Arbeit	3
1.5 Aufbau der Arbeit	3
Abschnitt I – Theoretischer Teil	**5**
2 Eigenschaften von Kindersprache	**7**
2.1 Spracherzeugung und anatomisch bedingte Eigenschaften	7
2.1.1 Spracherzeugungsprozess	7
2.1.2 Vokaltrakt und spektrale Hülle	9
2.1.3 Stimmlippen und Grundfrequenz	16
2.2 Mechanismen des frühkindlichen Spracherwerbs	19
2.3 Sprachliche Fähigkeiten	25
2.3.1 Phasen der Sprachentwicklung	25
2.3.2 Lautebene	29
2.3.3 Wortebene	32
2.3.4 Satzebene	35
3 Literaturbetrachtung und Stand der Forschung	**37**
3.1 Existierende Studien	37
3.1.1 Betrachtung des Alters in existierenden Studien	38
3.1.2 Studien zur ASR von Vorschulkindern	39
3.2 Kindersprachdatenbanken	43
3.2.1 Erstellen von Kindersprachdatenbanken	43
3.2.2 Datenbanken von Kindern im Schulalter	45
3.2.3 Datenbanken von Kindern im Vorschulalter	48
3.3 Erkennen von Kindersprache – Überblick und Ergebnisse	49
3.3.1 Merkmalanalyse	50
3.3.2 Akustisches Modell	53
3.3.3 Lexikalisches Modell	58
3.3.4 Sprachmodell	58
3.3.5 Dialog	59
3.4 Vokaltraktlängennormierung – Stand der Forschung	60

	3.4.1	Verzerrungsfunktionen	61
	3.4.2	Verfahren zur Bestimmung des Verzerrungsfaktors	65
	3.4.3	Stelle der Implementierung	67
	3.4.4	Anwendung auf verschiedene sprachliche Einheiten	67

Abschnitt II – Experimente: ASR drei- bis sechsjähriger Kinder im Deutschen   **71**

4 Evaluations-Set-Up   73
- 4.1 Spracherkenner 73
    - 4.1.1 Analysefilter 73
    - 4.1.2 Akustisches Modell 78
    - 4.1.3 Lexikalisches Modell 80
    - 4.1.4 Sprachmodell und Grammatik 81
    - 4.1.5 Erkennungsvorgang 81
- 4.2 Evaluationsdaten 83
    - 4.2.1 Beschreibung der Daten 83
    - 4.2.2 Durchführung der Aufnahmen 84

5 Anpassungen auf akustischer Ebene   87
- 5.1 Ausgangszustand 87
- 5.2 Bilineare VTLN 88
- 5.3 Theoretische Betrachtungen 90
    - 5.3.1 Zur Diskrepanz von theoretischem Wissen und praktischer Umsetzung 90
    - 5.3.2 Analyse möglicher Verzerrungsfunktionen 90
- 5.4 Stückweise lineare Verzerrung 92
    - 5.4.1 Erkennungsergebnisse 92
    - 5.4.2 Betrachtung des Funktionsverlaufs 93
- 5.5 Genderspezifisches Training 95
    - 5.5.1 Erkennungsergebnisse 96
    - 5.5.2 Einflussfaktoren 97

6 Zusammenfassung und Ausblick   101

Anhang   **105**

Formelzeichen und Abkürzungen   **107**

Literaturverzeichnis   **111**

1 Einführung

Systeme mit Spracheingabe und Sprachausgabe stellen eine mögliche Schnittstelle zwischen Mensch und Maschine dar. Da Sprache die gängige Kommunikationsform zwischen Menschen ist, ergibt sich die Bestrebung, mit technischen Geräten ebenfalls über Sprache in Kontakt treten zu können. Resultat dieser Bestrebung ist, dass in den letzten Jahren immer mehr technische Geräte mit Sprachsteuerung ausgestattet wurden und diese Tendenz wahrscheinlich auch in Zukunft anhalten wird. Dabei stellt die Automatische Spracherkennung (ASR – Automatic Speech Recognition) einen der Hauptbestandteile von Systemen zur Sprachsteuerung dar.

1.1 Anwendungsfelder

Neben Anwendungen für Erwachsene, wie z. B. sprachgesteuerten Navigationssystemen, Mobiltelefonen (Smartphones) oder Diktiersystemen existieren auch einige Systeme für Kinder, die mit Sprache gesteuert werden können. Diese befinden sich hauptsächlich in den folgenden Anwendungsgebieten:

- **Lesen lernen** – Automatische Leseübungen, Bestimmung der Lesefähigkeit [149, 102, 48, 33, 114, 47],
- **Aussprachetraining** – Sprachlernhilfen, Aussprachebewertung, Fremdsprachenlernen [207, 182, 187, 68, 101],
- **Spielzeug** – Lernspielzeug, Computerspiele [98, 99, 13, 141] und
- **Medizinische Anwendungen** – Unterstützung der medizinischen Bewertung (z. B. bei Kindern mit Lippen-Kiefer-Gaumenspalte (LKGS)), Sprachtraining und Sprechübungen für taube Kinder oder Kinder mit Cochlear Implantat [44, 115, 139, 26].

1.2 Einflussfaktoren auf die Leistung von Spracherkennern

Je nach Anwendungsfeld werden Spracherkenner in verschiedenen Erkennungsszenarien eingesetzt, wobei die erzielte Erkennungsrate zum einen von der Komplexität der Erkennungsaufgabe und zum anderen von den äußeren Bedingungen sowie dem Sprecher selbst abhängt. Eigenschaften der Erkennungsaufgabe sind:

- Sprechmodus/Sprechstil (Einzelwörter vs. kontinuierliche gelesene, bzw. spontane Sprache) sowie
- Vokabulargröße (kleiner bis sehr großer Wortschatz).

Faktoren der äußeren Bedingungen sind:

- Qualität des Übertragungskanals (Hintergundgeräusche, Raumhall),
- Aufnahme-Equipment (Richtcharakteristik, Frequenzgang) sowie
- Sprecher (festgelegter Sprecher vs. wechselnde Sprecher).

Die Erkennung von einzelnen diktierten Wörtern eines kleinen Vokabulars von einem festgelegten Sprecher ohne Störgeräusche bei Verwendung eines Nahbesprechungsmikrofons stellt dabei die einfachste Erkennungsaufgabe dar, wohingegen die schwierigste Aufgabe in der sprecherunabhängigen Erkennung spontaner Sprache eines sehr großen Vokabulars bei einem wechselnden Übertragungskanal mit Störgeräuschen unter Verwendung von nicht optimalem Aufnahme-Equipment besteht. Je nach Erkennungsszenario werden somit Erkennungsleistungen von nahezu vollständiger Erkennung bis nahezu keiner Erkennung erreicht. Unter der Voraussetzung dass die äußeren Bedingungen günstig sind, können derzeitige Spracherkenner bereits für viele Sprecher trotz großem Vokabular und kontinuierlich gesprochener Sprache Erkennungsraten von weit über 90 % erzielen. Auch bei etwas schlechteren Bedingungen können noch gute Erkennungsergebnisse erzielt werden, solange die Trainingsdaten ebenfalls diesen Bedingungen unterliegen. Jedoch nimmt die Erkennungsleistung schnell ab, umso stärker sich die äußeren Bedingungen der Sprachaufnahmen, die Sprechweise oder die sprachlichen Eigenschaften von Test- und Trainingssprechern unterscheiden. Ähnliche Daten, bzw. Bedingungen werden im Folgenden als angepasste Bedingung und von einander abweichende Eigenschaften als unangepasste Bedingung bezeichnet.

1.3 Sprecherabhängigkeit von Spracherkennungssystemen

Mit der Einführung von HMM-basierten (Hidden-Markov-Model) Spracherkennern wurden bereits große Fortschritte in der sprecherunabhängigen Spracherkennung erzielt. Durch Training der Spracherkenner mit großen Datenbasen können die Eigenschaften vieler Sprecher in den akustischen Modellen abgebildet werden und die Erkennung von Sprechern, die in ihren sprachlichen Eigenschaften nicht zu stark vom Durchschnitt der Trainingssprecher abweichen, funktioniert in der Regel sehr gut, auch wenn die konkreten Eigenschaften dieses Sprechers nicht in den Trainingsdaten des Spracherkenners enthalten sind. Wichtige Eigenschaften der Sprache eines Sprechers

sind:
- Dialekt und Akzent,
- Emotionalität in der Sprache,
- Sprechgeschwindigkeit,
- Deutlichkeit der Aussprache sowie
- sprecherspezifische Eigenschaften (Grundfrequenzbereiche, Formantfrequenzen).

Speziell die letzten drei Eigenschaften hängen sehr stark vom Alter des Sprechers ab und führen dazu, dass im Erkennen von Kindersprache schlechtere Ergebnisse erzielt werden, als in der Erkennung von Erwachsenensprache. Zahlreiche Untersuchungen haben sich deshalb bereits mit der Erkennung von Kindersprache beschäftigt und Verbesserungen erzielen können. Dennoch funktioniert das Erkennen von Kindersprache mit derzeitigen Spracherkennern und angewandten Methoden schlechter als für Erwachsene und stellt somit einen Forschungsbereich dar, in welchem weitere Untersuchungen erforderlich sind.

1.4 Zielstellung der Arbeit

Zielstellung dieser Arbeit ist es, die Erkenntnisse im automatischen Erkennen von Kindersprache zu erweitern. Zu diesem Zweck gilt es zunächst die Gründe zu erforschen, warum Spracherkennung von Kindersprache schlechter funktioniert als von Erwachsenensprache. Dazu sind die Eigenschaften und Unterschiede von Erwachsenen- und Kindersprache darzustellen und somit Möglichkeiten zur Verbesserung von ASR-Systemen zum Erkennen von Kindersprache aufzuzeigen. Anschließend ist zu untersuchen, welche Maßnahmen bisher ergriffen wurden, um diese Unterschiede zu kompensieren und somit die erzielten Erkennungsergebnisse den Ergebnissen beim Erkennen von Erwachsenensprache anzunähern. Darauf aufbauend sollen schließlich neue Ansätze zur möglichen Verbesserung im Erkennen von Kindersprache untersucht werden.

1.5 Aufbau der Arbeit

Kapitel 2 – Eigenschaften von Kindersprache: In diesem Kapitel werden die Eigenschaften der Kindersprache erläutert. Zu diesem Zweck wird zunächst der Spracherzeugungsprozess und der Sprachentwicklungsverlauf eines Menschen dargestellt und jeweils im Anschluss auf die Besonderheiten der Kindersprache eingegangen. Dabei wird eine Unterteilung in anatomisch bedingte Eigenschaften und in Eigenschaften aufgrund der sprachlichen Fähigkeiten vorgenommen.

Kapitel 3 – Literaturbetrachtung und Stand der Forschung: Um nachfolgende Untersuchungen wissenschaftlich einordnen zu können, wird in diesem Kapitel zunächst dargelegt, wie viele Untersuchungen sich bisher mit dem Erkennen von Kindersprache beschäftigt haben, wobei die Erkennung von Kindersprache im Vorschulalter gesondert betrachtet wird. Weiterhin wird dargestellt, welche Datenbasen von Kindersprache existieren, bzw. in der Literatur publiziert wurden, da diese einen wichtigen Bestandteil für Untersuchungen zum Erkennen von Kindersprache darstellen. Im Anschluss daran werden Verfahren sowie damit erzielte Ergebnisse betrachtet, welche bisher zum Erkennen von Kindersprache eingesetzt wurden. Dabei wird ein spezielles Verfahren, die Vokaltraktlängennormierung, genauer erläutert.

Kapitel 4 – Evaluations-Set-Up: Dieses Kapitel widmet sich der Beschreibung des Evaluations-Set-Ups, welches in dieser Arbeit verwendet wird. Dieses besteht zum einen aus dem verwendeten Spracherkenner und zum anderen aus den verwendeten Daten. Als Spracherkenner wird das an der TU Dresden entwickelte UASR System (Unified Approach to Speech Synthesis and Recognition) verwendet. Die Datenbasis beinhaltet Sprachaufnahmen von deutschen Kindern im Alter von drei bis sechs Jahren und ermöglicht somit Untersuchungen im Erkennen von Kindersprache für diese spezielle Sprechergruppe.

Kapitel 5 – Anpassungen auf akustischer Ebene: In diesem Kapitel werden Ansätze untersucht, um die Erkennungsleistung im Erkennen von Kindersprache für die spezielle Sprechergruppe drei- bis sechsjähriger Kinder zu verbessern. Zu diesem Zweck wird eine Vokaltraktlängennormierung durchgeführt und die erzielten Ergebnisse anhand theoretischer Betrachtungen diskutiert.

Kapitel 6 – Zusammenfassung und Ausblick: Abschließend wird eine Betrachtung der in dieser Arbeit gewonnenen Erkenntnisse im Erkennen von Kindersprache gegeben. Dazu wird zusammenfassend dargestellt, welche Eigenschaften Kindersprache aufweist und welche Verfahren zum Erkennen von Kindersprache angewendet werden können, wobei die in Kapitel 5 gewonnenen Erkenntnisse für das Erkennen drei- bis sechsjähriger Kinder besondere Berücksichtigung finden. Weiterhin wird ein kurzer Ausblick gegeben, welcher Überlegungen zum Erkennen sehr junger Kindersprache enthält.

Abschnitt I – Theoretischer Teil

2 Eigenschaften von Kindersprache

Die Sprache von Kindern unterscheidet sich von der Sprache von Erwachsenen auf verschiedenen Ebenen. Einerseits existieren Unterschiede aufgrund der kleineren Anatomie und andererseits gibt es Unterschiede, welche durch die sprachlichen Fähigkeiten eines Kindes entstehen. Beide Aspekte werden in diesem Kapitel betrachtet.

2.1 Spracherzeugung und anatomisch bedingte Eigenschaften

In diesem Abschnitt werden der Prozess der Spracherzeugung und die Eigenschaften von Kindersprache von einem physikalischen, technischen Standpunkt aus beschrieben. Zu diesem Zweck wird zunächst der Prozess der Spracherzeugung beim Menschen im allgemeinen beschrieben und im Anschluss die kleinere Anatomie eines Kindes sowie die daraus resultierenden Auswirkungen auf das Sprachsignal betrachtet.

2.1.1 Spracherzeugungsprozess

Der Prozess der Spracherzeugung ist ein komplexer Vorgang, der in verschiedene kleinere Prozesse unterteilt werden kann. Abbildung 2.1 zeigt die Anatomie des Lauterzeugungssystems beim Menschen. Die Unterteilung der einzelnen Prozesse kann dabei in folgender Weise vorgenommen werden:

- **Luftstromprozess** – Der Luftstrom, der durch die Lunge beim Ausatmen bereitgestellt wird, stellt die Energiequelle der Lauterzeugung dar und ermöglicht somit die Entstehung von Sprache.
- **Phonationsprozess** – Der Phonationsprozess bezieht sich auf die unterschiedlichen Öffnungsgrade der Glottis (Stimmritze) und ist entscheidend dafür, ob der durch sie hindurch strömende Luftstrom die Stimmlippen zum Schwingen (periodischen Öffnen und Schließen) bringt oder nicht. Dadurch erhält das Sprachsignal entweder einen periodischen Charakter (stimmhaft) oder einen rauschartigen (stimmlos).
- **Oro-nasaler Prozess** – Dieser Prozess gibt die Stellung des Gaumensegels (Velum) an und ist somit entscheidend dafür, ob die Nasenhöhle zusätzlich als Resonanzraum fungiert, was zu nasaliert gesprochenen Lauten führt, oder nicht.

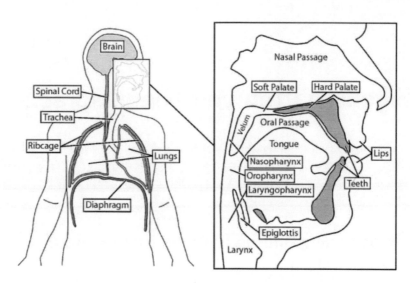

Abbildung 2.1 – Anatomie des Lauterzeugungssystems: links ganzer Körper, rechts Ausschnitt des Sprechtraktes. Grafik aus [90].

- **Artikulationsprozess** – Durch den Artikulationsprozess wird die Stellung der Zunge und Lippen bestimmt und somit der daran vorbeiströmende Luftstrom modifiziert. Dies führt je nach Stellung zu unterschiedlichen Resonanzeigenschaften des Vokaltraktes.

Das Zusammenspiel dieser unterschiedlichen Prozesse sorgt für die Entstehung der verschiedenen Laute. Nach [108] können diese in die folgenden Gruppen eingeteilt werden:

- **Vokale und vokalähnliche Laute** – Dieser Lautgruppe werden alle stimmhaft gesprochenen Laute zugeordnet, die bei angehobenem Gaumensegel produziert werden, sodass der Luftstrom den Körper nur an der Mundöffnung (nicht durch die Nase) verlässt. Diese Laute besitzen eine periodische Signalform (Grundfrequenz), die Signalenergie befindet sich hauptsächlich in der unteren Hälfte des Spektrums und bildet Formantfrequenzen entsprechend der Resonanzeigenschaften des Vokaltraktes aus.

- **Frikative und frikiert gesprochene Laute** – Zu dieser Gruppe zählen Laute, bei denen durch die Artikulatoren gezielt Engstellen im Mundraum gebildet werden, an denen der vorbeiströmende Luftstrom verwirbelt wird (z. B. Frikative und Verschlusslaute). Wenn Laute dieser Gruppe stimmlos gesprochen werden, ist die Signalform aperiodisch (rauschartig), wodurch sich die Signalenergie in der oberen Hälfte des Spektrums befindet. Werden diese Laute hingegen stimmhaft gesprochen, besitzt das Signal periodische und aperiodische Anteile.

2.1 Spracherzeugung und anatomisch bedingte Eigenschaften

- **Nasale und nasaliert gesprochene Vokale** – Laute, die dieser Gruppe zugeordnet werden, werden mit abgesenktem Gaumensegel und häufig stimmhaft gesprochen. Die Signalform ist ähnlich wie bei Vokalen periodisch, allerdings mit dem Unterschied, dass sich andere Resonanzfrequenzen ausbilden, was dem zusätzlichen Resonanzraum der Nasenhöhle zuzuschreiben ist.

Die verschiedenen Laute können mithilfe des IPA-Lautsystems (Internationales Phonetisches Alphabet) [116] dargestellt werden. Eine ausführlich Beschreibung der einzelnen Vorgänge sowie eine differenziertere Betrachtung der verschiedenen Laute wird in [90, 108] gegeben.

Häufig wird der Spracherzeugungsprozess mithilfe des Quelle-Filter-Modells dargestellt. Dabei betrachtet man eine Quelle (Glottis), welche ein Anregungssignal in Form eines Luftstroms produziert (periodisch oder rauschartig) und einen Filter (Vokaltrakt), welcher dieses Signal moduliert. Der Begriff Vokaltrakt (oder auch Ansatzrohr) fasst dabei verschiedene anatomische Strukturen zusammen. Diese haben alle eine unterschiedliche Primärfunktion und dienen sekundär der Spracherzeugung [77]. Mit dem Begriff werden alle lufthaltigen Räume oberhalb der Glottis bezeichnet, welche der Klang- und Lautbildung dienen. Im Falle von stimmhaft gesprochenen Lauten bilden sich entsprechend der Anatomie des Vokaltraktes spezifische Resonanzfrequenzen aus. In diesem Fall führt der kleinere Vokaltrakt von Kindern zu unterschiedlichen Resonanzfrequenzen im Vergleich zu Erwachsenen. Wie dies im Detail geschieht, wird im Folgenden in Abschnitt 2.1.2 betrachtet. Die Erscheinungsform stimmloser Laute ist hingegen nicht von den Resonanzeigenschaften des Vokaltraktes abhängig und wird in dieser Arbeit vereinfacht als gleich für Erwachsene und Kinder betrachtet. Der Unterschied zwischen Erwachsenen und Kindern ist bei diesen Lauten hauptsächlich, dass Kinder erst im Laufe der Zeit die sprachlichen Fähigkeiten erlangen, um diese Laute richtig aussprechen zu können. Wie diese Entwicklung abläuft, wird in Abschnitt 2.3.2 beschrieben.

2.1.2 Vokaltrakt und spektrale Hülle

Modell des idealisierten Ansatzrohrs

Um die Ausbildung der Formantfrequenzen zu erläutern, wird zunächst das Modell des idealisierten Ansatzrohres betrachtet. Dazu wird angenommen, dass sich das Gaumensegel in der angehobenen Position befindet und der Vokaltrakt mithilfe eines einfachen nicht verzweigten Rohrmodells dargestellt werden kann. Für dieses werden die folgenden Annahmen getroffen. Das Ansatzrohr ist ein:

- gerades kreiszylindrisches Rohr von 17 cm Länge,
- Durchmesser $\ll$ Länge,
- konstante Querschnittsfläche,

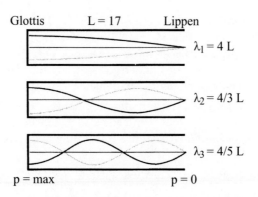

Abbildung 2.2 – Stehende Wellen im idealisierten Ansatzrohr. Grafik erstellt in Anlehnung an [152].

- schallharte Wände, die totale Reflexion verursachen und
- besitzt schallhart abgeschlossenes Ende (Glottis) und offenes Ende (Lippen).

Bei einem breitbandigen Anregungssignal kommt es in diesem Rohr zur Ausbildung stehender Wellen (in Form von Luftdruckschwankungen), wodurch die dazugehörigen Frequenzanteile verstärkt werden. Die stehenden Wellen sind in Abbildung 2.2 dargestellt. Es ist gut zu erkennen, dass sich die erste stehende Welle ausbildet, wenn $\frac{1}{4}$ der ersten Resonanzwellenlänge λ_1 in das Rohrmodell passt. Äquivalent dazu bilden sich die zweite und dritte stehende Welle für $\lambda_2 = \frac{4}{3}L$, bzw. $\lambda_3 = \frac{4}{5}L$ aus. Dementsprechend können Werte für die dazugehörigen Resonanzfrequenzen nach

$$f_i \;=\; \frac{c}{\lambda_i}, \tag{2.1}$$

mit der Schallgeschwindigkeit

$$c \;=\; 340 \text{ m/s} \tag{2.2}$$

bestimmt werden. Dabei ergeben sich die folgenden Werte:

$$F_1 = \frac{340 \text{ m/s}}{4 \cdot 0{,}17 \text{ m}} = 500 \text{ Hz}, \tag{2.3}$$

$$F_2 = \frac{340 \text{ m/s}}{\frac{4}{3} \cdot 0{,}17 \text{ m}} = 1500 \text{ Hz und} \tag{2.4}$$

$$F_3 = \frac{340 \text{ m/s}}{\frac{4}{5} \cdot 0{,}17 \text{ m}} = 2500 \text{ Hz}. \tag{2.5}$$

Diese Frequenzen werden als die ersten drei Formantfrequenzen bezeichnet. Eine detaillierte Betrachtung zur Vokaltraktmodellierung mit Rohrmodellen findet sich in [186].

2.1 Spracherzeugung und anatomisch bedingte Eigenschaften

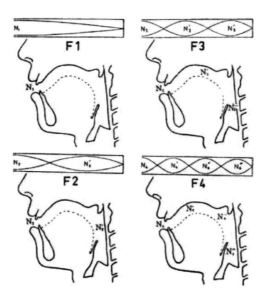

Abbildung 2.3 – Stehende Wellen im gebogenen Vokaltrakt. Grafik aus [69].

Lage der Formantfrequenzen

Die Annahmen des idealisierten Ansatzrohrs stellen jedoch nur eine Vereinfachung dar und werden im Folgenden immer weiter gelockert. In Wirklichkeit ist der Vokaltrakt eines Menschen nicht gerade und hat auch keine konstante Querschnittsfläche. Für die Artikulation des Schwa-Lautes @ kann die vereinfachte Annahme der konstanten Querschnittsfläche jedoch zunächst erhalten bleiben, weshalb die Formantpositionen in etwa mit denen des idealisierten Ansatzrohrs übereinstimmen. Aus diesem Grund wird dieser Laut auch der neutrale Vokal genannt und die dazugehörigen Resonanzfrequenzen als neutrale Resonanzfrequenzen bezeichnet. Abbildung 2.3 zeigt, wie sich die stehenden Wellen im gebogenen Vokaltrakt ausbilden. Das Sprachsignal bei stimmhaft gesprochenen Lauten besteht jedoch nicht aus diskreten Frequenzen an der Stelle der Formantpositionen. Vielmehr besteht es aus einem Frequenzgemisch, welches in einem Bereich um die Formantpositionen herum verstärkt ist. Dazu wird das Quellsignalspektrum mit den Resonanzeigenschaften des Vokaltraktes multipliziert. Dieser Vorgang wird auch als Abtasten der spektralen Hülle bezeichnet. Abbildung 2.4 zeigt, wie dies geschieht. Die äußere (spektrale) Hülle des entstandenen Signals spiegelt die Resonanzeigenschaften des Vokaltraktes wieder. Sie enthält die Informationen, welche für die Spracherkennung wichtig sind. Im Folgenden werden jedoch nur die Maxima der Formantpositionen betrachtet.

Bei der Artikulation weiterer Laute verändert sich die Geometrie des Vokaltraktes,

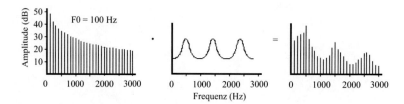

Abbildung 2.4 – Abtastung der spektralen Hülle. Grafik erstellt in Anlehnung an [180].

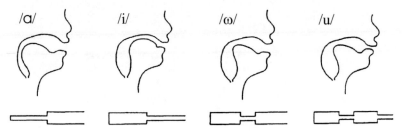

Abbildung 2.5 – Vokaltraktform und dazu passendes Rohrmodell bei der Artikulation verschiedener Vokale. Grafik (leicht verändert) aus [18].

indem Verengungen im Mund, bzw. Rachenraum gebildet werden, schematisch dargestellt in Abbildung 2.5. Dadurch ändern sich die Resonanzeigenschaften des Vokaltraktes und führen zur Verschiebung der Formantfrequenzen. Je nach Ausbildung der stehenden Welle und Ort der Verengungsstelle führt dies zur Anhebung oder Absenkung der entsprechenden Formantfrequenz, ausgehend von den neutralen Resonanzfrequenzen. Die Verschiebung erfolgt nach den folgenden Regeln:

- **Ort eines Druckknotens** – Eine Verringerung der Querschnittsfläche bewirkt eine Absenkung der Frequenz dieses Formanten.
- **Ort eines Schnelleknotens (Druckbauch)** – Eine Verringerung der Querschnittsfläche bewirkt eine Erhöhung der Frequenz dieses Formanten.

Für die Artikulation verschiedener Vokale ergeben sich somit die in Abbildung 2.6 dargestellten Formantfrequenzen.

Sprecherspezifische Lage der Formantfrequenzen

Die konkrete Geometrie und Größe des Vokaltraktes ist bei jedem Sprecher verschieden. Auch die Artikulationsstrategien sind verschieden. Ananthakrishnan [3] zeigt, dass einerseits die Form des Vokaltraktes verschiedener Sprecher unterschiedlich ist und dass andererseits die Bewegungsrichtung der Zunge für die Artikulation verschiedener Laute, sprecherspezifischen Abweichungen unterliegt. Somit entstehen für jeden

2.1 Spracherzeugung und anatomisch bedingte Eigenschaften   13

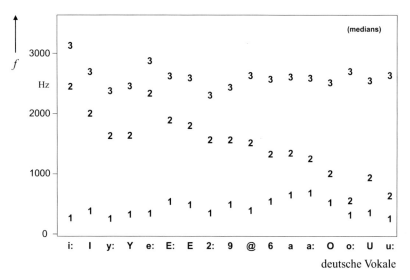

Abbildung 2.6 – Formantfrequenzen von Vokalen im Deutschen (Langvokale eines männlichen Sprechers). Die Grafik wurde von B. Möbius zur Veranschaulichung einer tabellarischen Darstellung aus seiner Habilitationsschrift erstellt [150] und taucht in seinen Vorlesungsunterlagen auf.

Sprecher und genau genommen bei jedem Artikulationsvorgang ganz spezifische Laute. Frauen und Kinder haben im Durchschnitt kürzere Vokalträkte als Männer, woraus im Durchschnitt höhere Formantfrequenzen resultieren. Dies ist in Abbildung 2.7 anhand von Vokaldaten aus einer Datenbasis von Peterson und Barney (amerikanisches Englisch) [162] dargestellt. Da die Vokaltraktform, bzw. -länge bei Kindern und Frauen nicht einfach nur proportional kleiner als bei Männern ist, sondern sich die Größenverhältnisse innerhalb des Vokaltraktes ändern, entsteht für jeden Formanten bei jedem Phonem ein ganz individueller Skalierungsfaktor im Vergleich zur äquivalenten männlichen Formantfrequenz. Diese Gesetzmäßigkeit wurde bereits vor fast 50 Jahren von Fant beobachtet [70, 71]. Die Normierung der Werte von Frauen und Kindern aus Abbildung 2.7 auf die Werte der Männer bzw. Frauen führt zu den in Abbildung 2.8 dargestellten formant- und phonemspezifischen Skalierungsfaktoren. Dabei ist gut zu erkennen, dass die Skalierungsfaktoren zwischen Frauen und Männern bzw. Kindern und Männern allgemein größer ausfallen und auch größeren Schwankungen unterliegen als zwischen Frauen und Kindern. Dies deutet darauf hin, dass die Vokaltraktform von Frauen und Kindern relativ ähnlich ist, wohingegen sich diese zwischen Männern und Frauen, bzw. Männern und Kindern stärker unterscheidet. Ähnliche Beziehungen, wie die in Abbildung 2.8 dargestellten, wurden in mehreren Sprachen beobachtet und sind in [71] dargestellt.

In welchem Maße die Vokaltraktlänge (und -form) von den durchschnittlichen männ-

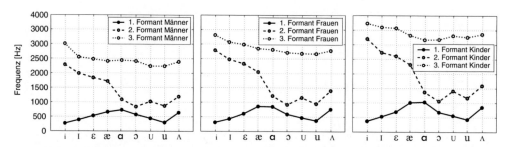

Abbildung 2.7 – Darstellung der ersten drei Formantfrequenzen von verschiedenen Vokalen für Männer (links), Frauen (Mitte) und Kinder (rechts). Durchschnittliche Werte von insgesamt 76 Sprechern (Amerikanisches Englisch, Alter der Sprecher nicht angegeben). Grafische Umsetzung einer tabellarischen Darstellung aus [162].

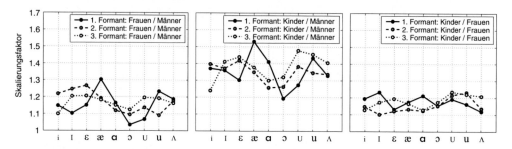

Abbildung 2.8 – Normierung der Formantfrequenzen von Frauen und Kindern aus Abbildung 2.7. Links: Frauen normiert auf Männer, Mitte: Kinder normiert auf Männer, rechts: Kinder normiert auf Frauen. Basierend auf Daten aus [162].

lichen Werten abweicht ist eine sprecherspezifische Größe, die bei Kindern zum einen vom Alter und ihrem persönlichen Entwicklungsstand, als auch von individuellen Eigenschaften abhängt. Auch wenn die absolute Lage der Formantfrequenzen eine sprecherspezifische Größe darstellt, so enthalten die ersten drei Formantfrequenzen die wesentlichen Informationen über den Sprachlaut, wohingegen höhere Formantfrequenzen überwiegend Informationen über den Sprecher enthalten. Aus diesem Grund werden in der Spracherkennung häufig nur die ersten drei Formantfrequenzen betrachtet.

Weiterhin ist die Annahme eines schallhart abgeschlossenen Endes an der Glottis nur eine Vereinfachung. In Abhängigkeit vom Öffnungsgrad und der Anspannung der Stimmlippen verändert sich der akustische Widerstand, wodurch akustische Eigenschaften des subglottalen Traktes ebenfalls Einfluss auf das Sprachsignal nehmen. Dieser Einfluss wird jedoch in der Regel als gering eingeschätzt und somit im Folgenden weiter vernachlässigt. Eine genauere Betrachtung der subglottalen Eigenschaften und der Auswirkungen auf das Sprachsignal kann in [134] nachgelesen werden.

2.1 Spracherzeugung und anatomisch bedingte Eigenschaften

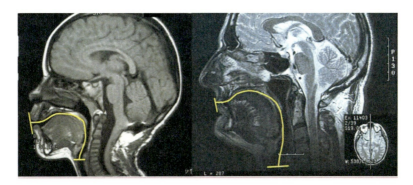

Abbildung 2.9 – Vokaltrakt beim Kind und Erwachsenen. Links: MRT-Bild (Magnetresonanztomographie) eines Jungen (4 Jahre und 4 Monate), rechts: erwachsener Mann (54 Jahre). Grafik aus [208].

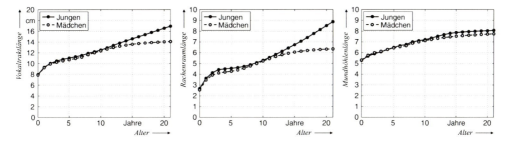

Abbildung 2.10 – Vokaltrakt-, Rachenraum- und Mundhöhlenlänge in Abhängigkeit des Alters. Daten aus der Dissertation von Goldstein [92]. Rachenraumlänge bei Jungen laut Goldstein nicht korrekt (aufgrund von zu wenig Messdaten). Wachstum müsste kurz vor dem Erwachsenenalter verlangsamen, prinzipieller Verlauf aber korrekt.

Anatomische Entwicklung

Wie bereits erwähnt wurde, sind die Größe und Form des Vokaltraktes sprecherspezifische Größen, welche vom Alter sowie der individuellen Anatomie des Sprechers abhängig sind. Abbildung 2.9 zeigt den Vokaltrakt eines Jungen im Vergleich zum Vokaltrakt eines erwachsenen Mannes. Dabei sind die Unterschiede in Größe und Form gut zu erkennen. In Abbildung 2.10 ist die Länge des Vokaltraktes in Abhängigkeit des Alters für Jungen und Mädchen dargestellt. Dabei ist zum einen das Längenwachstum des gesamten Vokaltraktes (links) zu sehen und zum anderen wird das Längenwachstum von Rachenraum oder auch Pharynx (Mitte) und Mundhöhle (rechts) getrennt angezeigt. Es ist gut zu erkennen, dass die Rachenraumlänge bei den Jungen ab dem 13. Lebensjahr stärker zunimmt als bei den Mädchen. Dadurch ergeben sich andere Größenverhältnisse innerhalb des Vokaltraktes bei Männern im Vergleich zu Frau-

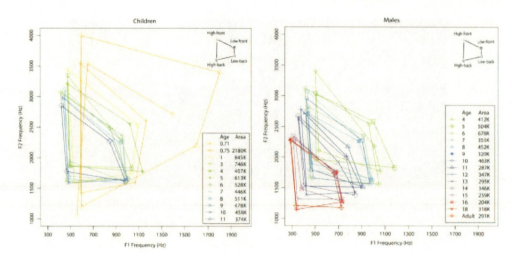

Abbildung 2.11 – Darstellung der F_1-F_2 Formantfrequenzen in Abhängigkeit des Alters. Links: für Kinder von acht Monaten bis elf Jahren, rechts: für Jungen von vier Jahren bis zum Erwachsenenalter. Grafiken aus [208].

en und Kindern. Diese sorgen für unterschiedliche Resonanzeigenschaften und stellen einen wichtigen Grund für die verschiedenen Skalierungsfaktoren in Abbildung 2.8 dar. Weitere anatomische Eigenschaften des Vokaltraktes von Kindern werden in [92] beschrieben und im Folgenden nicht näher erläutert. Die Entwicklung der Formantfrequenzen in Abhängigkeit des Alters wird in Abbildung 2.11 anhand des F_1-F_2 Vokalraums für Kinder von unter einem Jahr bis 11 Jahren sowie für Jungen von 4 Jahren bis zum Erwachsenenalter dargestellt. Weitere Ausführungen zu Formantfrequenzen bei Kindern können [208] entnommen werden.

2.1.3 Stimmlippen und Grundfrequenz

Im vorangegangenen Abschnitt wurde betrachtet, wie sich die Formantfrequenzen bei stimmhaft gesprochenen Lauten ausbilden. In diesem Abschnitt wird nun das Anregungssignal betrachtet, was dazu benötigt wird. Dieses wird von den Stimmlippen erzeugt. Die Stimmlippen können verschiedene Positionen einnehmen, von denen die zwei wichtigsten die Atemstellung und die Stimmstellung sind. Während der Atemstellung sind die Stimmlippen weit geöffnet, sodass der von der Lunge frei gegebene Luftstrom ungehindert an ihnen vorbei strömen kann. Diese Stellung wird auch zur Artikulation stimmloser Laute verwendet. Weiterhin können die Stimmlippen die Stimmstellung einnehmen. In diesem Fall wird der von der Lunge frei gegebene kontinuierliche Luftstrom durch periodisches Öffnen und Schließen in einen pulsartigen Luftstrom umgewandelt. Abbildung 2.12 zeigt schematisch das Schwingen der Stimmlippen. Die

2.1 Spracherzeugung und anatomisch bedingte Eigenschaften

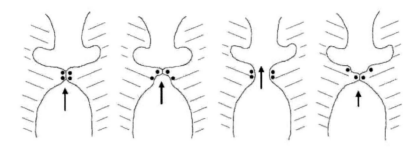

Abbildung 2.12 – Schematische Darstellung des Zyklus einer Glottisschwingung. Grafik aus [186].

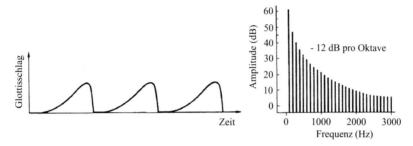

Abbildung 2.13 – Von den Stimmlippen erzeugtes Quellsignal im Zeit- und Frequenzbereich. Grafik erstellt in Anlehnung an [152].

Frequenz, mit welcher diese schwingen, ergibt die Grundfrequenz F_0 des Sprachsignals. Abbildung 2.13 zeigt das dadurch erzeugte Signal im Zeit- und Frequenzbereich. Die Grundfrequenz ist jedoch keine feste Größe. Je nach Öffnungsgrad und Anspannung der Stimmlippen kann sie variiert werden und ist somit für die Entstehung der Betonung und Intonation beim Sprechen verantwortlich. Dieser Aspekt wird in dieser Arbeit jedoch nicht weiter betrachtet. Somit unterscheidet man in Stimmumfang und mittlere Sprechstimmlage. Die Stimmlippen von Kindern sind kleiner und leichter, als die von Erwachsenen. Dadurch können sie schneller schwingen und erzeugen im Durchschnitt eine höhere Grundfrequenz. Abbildung 2.14 zeigt, in welchem Bereich sich die Grundfrequenz von Kindern typischerweise bewegt. In Untersuchungen von Lee et al. [126] wurde festgestellt, dass sich die durchschnittliche Grundfrequenz im Alter zwischen fünf und acht Jahren nicht ändert, dafür aber dass sich die Schwankung der Grundfrequenz in dieser Altersspanne um 50 % reduziert, was Lee et al. zufolge Ausdruck einer zunehmenden Fähigkeit der Kinder ist, ihre Grundfrequenz besser kontrollieren zu können. Weiterhin ist in Abbildung 2.14 dargestellt, dass die Entwicklung der Grundfrequenz von Jungen und Mädchen bis zum Alter von neun Jahren gleich verläuft. Danach beginnt sich die stimmliche Entwicklung von Jungen

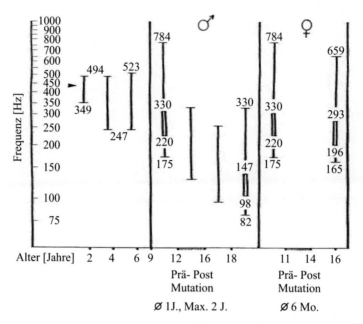

Abbildung 2.14 – Grundfrequenzbereiche in Abhängigkeit des Alters, Darstellung der Stimmumfänge und mittleren Sprechstimmlage (Doppellinie) von Kindern, Frauen und Männern. Grafik (leicht verändert) aus [77].

und Mädchen zu unterscheiden. Bei den Jungen kommt es während der Pubertät zu einer erhöhten Produktion von Testosteron und dadurch zu einem Wachstum des Kehlkopfes. Dabei werden die Stimmlippen um ca. einen Zentimeter länger, was zu einer Absenkung der Stimme um ca. eine Oktave führt. Diese Entwicklung nennt man Mutation oder auch Stimmbruch. Man unterscheidet zwischen Prämutationsphase (ca. 9. bis 12. Lebensjahr), der eigentlichen Mutation (ca. 12. bis 16. Lebensjahr) und einer Postmutationsphase (ca. 16. bis 18. Lebensjahr). Bei Mädchen setzt der Stimmwechsel ein bis zwei Jahre früher ein und verläuft wesentlich unauffälliger, was zu einer Absenkung der Stimme um ca. eine Terz führt [77].

Eine höhere Grundfrequenz sorgt dafür, dass die periodische Fortsetzung dieser im Spektrum in größeren Abständen erfolgt, wodurch die spektrale Hülle (Resonanzeigenschaften des Vokaltraktes) in größeren Abständen abgetastet wird. Dies ist beispielhaft in Abbildung 2.15 dargestellt. Bei einer sehr hohen Grundfrequenz kann es somit passieren, dass die Bereiche der Formanten nur unzureichend abgetastet werden, wodurch sich diese nicht so deutlich ausbilden. Dem wirkt der kürzere Vokaltrakt der Kinder entgegen, der dafür sorgt, dass die Formantpositionen ebenfalls in höheren Bereichen und weiter auseinander liegen.

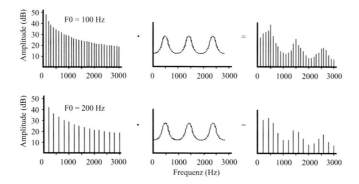

Abbildung 2.15 – Abtastung der spektralen Hülle bei verschiedener Grundfrequenz. Grafik erstellt in Anlehnung an [180].

2.2 Mechanismen des frühkindlichen Spracherwerbs

Nachdem im vorangegangenen Abschnitt die Spracherzeugung aus einem physikalisch-technischen Blickwinkel beschrieben wurde, wird sie in den folgenden zwei Abschnitten aus einer psycholinguistischen Perspektive betrachtet. Im Gegensatz zur anatomischen Entwicklung, welche bis zum Erwachsenenalter anhält, vollzieht sich die Entwicklung der sprachlichen Fähigkeiten hauptsächlich in den ersten Lebensjahren und ist ab einem Alter von sechs Jahren größtenteils abgeschlossen. Es wird zunächst dargestellt, nach welchen Mechanismen die Sprachentwicklung verläuft und im Anschluss daran werden die sprachlichen Fähigkeiten von Kindern dargestellt. Weiterführende Literatur ist [11, 202, 123].

Unter dem Begriff frühkindlicher Spracherwerb versteht man im Allgemeinen die sprachliche Entwicklung eines Kindes beim Erstspracherwerb in den ersten Lebensjahren. Diese wird meist bis zum dritten Lebensjahr betrachtet, da sich in diesem Zeitraum die Vielzahl der sprachlichen Fähigkeiten herausbilden.

Der Umgang mit Sprache ist eine Kompetenz, welche Kinder aufwendig erlernen. Diese Entwicklung ist von Kind zu Kind sehr verschieden und hängt von äußeren sowie inneren Faktoren des Kindes ab. Man unterscheidet im Allgemeinen zwischen Sprachverstehen und Sprachproduktion. Auch wenn aus Sicht von ASR-Systemen nur die Sprachproduktion relevant ist, spielen beide Prozesse beim Spracherwerb eine wichtige Rolle und werden in diesem Abschnitt betrachtet. Die Entwicklung des Sprachverstehens geht der Entwicklung der Sprachproduktion voraus. Dementsprechend führen Entwicklungsprobleme des Sprachverstehens (z. B. aufgrund von Gehörproblemen oder geistigen Defiziten) meist ebenfalls zu Defiziten im Bereich der Sprachproduktion. Eine detaillierte Beschreibung dazu findet sich z. B. in [77]. Somit müssen Kinder die Wörter zunächst richtig verstehen (hören), um diese anschließend richtig sprechen zu können. In diesem Zusammenhang tritt die Herausforderung der Segmentation (Finden von Wortgrenzen) auf. Während des flüssigen Sprechens werden in der Regel keine Pausen bei Wortgrenzen gemacht. Das Finden dieser Grenzen funktioniert über das Wissen der einzelnen Wörter und führt zu dem Wissen, dass ein Wort aufhört und ein neues beginnt. Um diesen Prozess dem Kind zu vereinfachen, sprechen Mütter mit ihren Kindern häufig in Ammensprache (auch als Child-directed Speech, Motherese oder Baby-Talk bezeichnet). Diese ist gekennzeichnet durch langsames Sprechen mit starker Intonation und längeren Pausen zwischen den Wörtern, was den Kindern hilft, die einzelnen Wörter richtig zu verstehen und die Wortgrenzen zu erkennen.

Individualität beim Spracherwerb

Die Art und Weise, wie Kinder Sprache erwerben, ist nicht für jedes Kind gleich. Ebenso variiert die Geschwindigkeit des Spracherwerbs bei verschiedenen Kindern. Diese Schwankungen sind normal. Als Vereinfachung wird oftmals ein durchschnittlicher Sprachentwicklungsverlauf angegeben, der auf Spracherwerbstheorien aus der Psychologie beruht [34, 35, 163, 164, 202]. Dieser beschreibt die Sprachentwicklung eines fiktiven durchschnittlichen Kindes, dem sogenannten Normkind [202] (engl. "modal child" [74]). Demnach besitzen alle Kinder angeborenes Wissen über grundlegende sprachliche Strukturen, welche durch die Umwelt ausgelöst werden. Die Sprache entwickelt sich dann nach einem angeborenen biologischen Plan und unterscheidet sich in Abhängigkeit der sprachlichen Umwelt.

Die tatsächliche Sprachentwicklung eines Kindes kann jedoch von dieser durchschnittlichen Sprachentwicklung abweichen. Werden die Abweichungen zu groß, wird von Sprachentwicklungsstörungen gesprochen. Diese Betrachtungsweise wird von einigen Wissenschaftlern sehr kritisch gesehen, da Kinder im Spracherwerb eine große Variabilität aufweisen können und dennoch nicht in ihrer Sprachentwicklung gestört sind [74, 202]. Diese Kinder können ohne Probleme anfängliche Verzögerungen der Sprachentwicklung im weiteren Verlauf ihrer Entwicklung aufholen. Des Weiteren ist der Nachweis einer Sprachentwicklungsstörung schwierig. Bei jungen Kindern erfolgt die Feststellung gewöhnlich über Elternfragebögen, die einen gewissen Standardwortschatz überprüfen.[1] Jedoch ist die Bewertung der Eltern oft subjektiv, wodurch es zu Verzerrungen der Einschätzung kommen kann. Da Eltern die Sprache ihrer Kinder kennen, werten sie teilweise Wörter als "gelernt", die Außenstehende gar nicht verstehen würden. Weitere Kritik an der Methodik der Elternfragebögen wird von Clark geäußert [40]. Demnach spiegeln Elternfragebögen oftmals den Wortschatz von Kindern der gebildeten Schicht wider, wodurch eine allgemeingültige Aussagekraft dieser Tests in Frage zu stellen ist. Im Bereich einer normalen Sprachentwicklung existieren

---

[1]Es existieren verschiedene Elternfragebögen für verschiedene Altersstufen der Kinder in unterschiedlichen Sprachen. Für den frühkindlichen Spracherwerb ist insbesondere das MacArthur Communicative Development Inventory (CDI) [106] für die Englische Sprache und FRAKIS (Fragebogen zur frühkindlichen Sprachentwicklung) [54] für die deutsche Sprache zu erwähnen.

große Unterschiede in der Geschwindigkeit des Erwerbs von Wortschatz und Grammatik als auch in der Strategie des Spracherwerbs [202]. Im Gegensatz dazu ist die Reihenfolge des Erwerbs einzelner Laute bei jedem Kind (vgl. Abschnitt 2.3.2) und sogar bei Kindern verschiedener Sprachen relativ ähnlich [120]. In verschiedenen Untersuchungen wurden jedoch auch Unterschiede bei Kindern verschiedener Sprachen beobachtet, auf die in dieser Arbeit nicht näher eingegangen wird.

Spracherwerbsstrategien und Spracherwerbsstile

Kinder verwenden zum Spracherwerb verschiedene Spracherwerbsstrategien bzw. Spracherwerbsstile. In der Literatur finden sich dazu unterschiedliche Bezeichnungen, die jedoch in hohem Maß das Gleiche beschreiben. Nach Nelson lässt sich zwischen referentiellem und expressivem Spracherwerbsstil unterscheiden [155] und nach Bloom et al. zwischen nominalem und pronominalem Spracherwerbsstil [23]. Bates et al. unterscheiden dagegen zwischen einer analytischen und einer holistischen Herangehensweise an den Spracherwerb [9]. Nach [202] entsprechen referentieller, nominaler und analytischer Stil in etwa einander sowie expressiver, pronominaler und holistischer Stil. Für gewöhnlich verwenden Kinder beide Spracherwerbsstile, wobei viele Kinder über eine gewisse Zeit eine deutliche Präferenz zu einem der beiden Stile haben. Bloom et al. beobachten, dass Kinder, die vorwiegend einen nominalen Stil verwenden nach einiger Zeit auf der pronominalen Seite aufholen und umgekehrt [23]. Nach Shore existieren beide Stile unabhängig voneinander und spannen eine Ebene auf, in welcher sich das Kind bewegt [191]. Somit können Kinder von hoch analytisch bis gering analytisch bzw. von hoch holistisch bis gering holistisch sein oder beide Spracherwerbsstile im gleichen Maße verwenden. Der analytische Spracherwerbsstil ist zu Beginn des Spracherwerbs die schnellere Variante. Jedoch sind sowohl analytische als auch holistische Prozesse für den Spracherwerb notwendig [202]. Die verschiedenen Stile spielen im frühen Spracherwerb eine Rolle und sind ab dem Gebrauch einer mittleren Äußerungslänge (MLU)[2] von 2,5 Morphemen nicht mehr zu beobachten, was ab einem Alter zwischen 2;0[3] und 2;8 Jahren zutrifft [202]. Nach [155, 23, 9, 143, 202] zeichnen sich die unterschiedlichen Spracherwerbsstile wie folgt aus.

- **Referentieller, nominaler, analytischer Spracherwerbsstil:**
  Die Kinder gebrauchen viele Nomen und nehmen überwiegend auf Objekte Bezug. Dadurch finden sie ihren Einstieg in die Grammatik vorwiegend über die Kombination von Nomen bzw. Inhaltswörtern. Ihr Stil ist geprägt von einem flexiblen Wortgebrauch und der schnellen Erweiterung des Wortschatzes, was zu einem früheren Vokabelspurt[4] führt. Die Aussprache ist auf die Artikulation der

---
[2]Die MLU (Mean Length of Utterance) ist ein Maß für den frühen Grammatikerwerb. Es wurde erstmals 1973 von Brown eingeführt und gibt anhand einer Sprachstichprobe spontanen Sprechens die durchschnittliche Äußerungslänge gemessen in Morphemen an [28].
[3]Die Bezeichnung 2;0 steht für 2 Jahre und 0 Monate.
[4]Der Begriff Vokabelspurt steht für eine Phase der frühkindlichen Sprachentwicklung, in welcher

einzelnen Wörter ausgerichtet und gut verständlich, wodurch sich eine meist konsistente Aussprache einzelner Wörter in verschiedenen Zusammenhängen ergibt. Allerdings neigen die Kinder zu Übergeneralisierungen, indem sie erlernte Regeln konsequent anwenden und dadurch falsche Wörter bilden oder Gegenstände falsch bezeichnen, wie z. B.: zu allem, was vier Beine hat, "Kuh" zu sagen oder bei allen Verben im Präteritum ein -t anzuhängen (richtig: sagen → gesagt, falsch: laufen → gelauft).

- **Expressiver, pronominaler, holistischer Spracherwerbsstil:**

  Kinder, die diesen Stil gebrauchen, nehmen mehr Bezug auf soziale Interaktionen und Routinen. Sie finden ihren Einstieg in die Grammatik hauptsächlich über die Kombination von Funktionswörtern mit Inhaltswörtern. Dieser Stil ist geprägt von viel Imitation und einem überwiegenden Gebrauch von feststehenden Ausdrücken. Dadurch ergibt sich ein weniger flexibler Wortgebrauch und eine langsamere Erweiterung des Wortschatzes, welcher überwiegend aus Funktionswörtern, Routinen und stereotypen Ausdrücken besteht. Die Aussprache einzelner Wörter ist schlechter verständlich. Die Kinder orientieren sich eher an der Melodie des ganzen Satzes. Daraus ergibt sich, dass sie einzelne Wörter in verschiedenen Zusammenhängen oder bei verschiedenen Betonungsmöglichkeiten des ganzen Satzes (z. B. für Fragen, Direktiven oder Aufforderungen) inkonsistent aussprechen.

Einflussfaktoren auf den Spracherwerb

Wie bereits erwähnt, läuft die Sprachentwicklung bei jedem Kind anders ab. Somit werden an dieser Stelle mögliche Faktoren betrachtet, die den Spracherwerb eines Kindes beeinflussen können.

- **Einfluss demografischer Variablen**

  In der Studie von Fenson et al. kann ein Einfluss der demografischen Variablen (Geschlecht, Geschwisterrang und soziale Schicht) auf die Entwicklung von Wortschatz und Grammatik beobachtet werden [74]. Der Einfluss von der sozialen Schicht und dem Geschwisterrang ist allerdings so gering, dass Fenson et al. ihm keine weitere Bedeutung zumessen. Kinder von Eltern mit höherem Bildungsstand und Erstgeborene haben demnach eine geringfügig schnellere Sprachentwicklung. Wie bereits weiter oben in diesem Abschnitt erwähnt, sieht Clark den Einfluss der sozialen Schicht kritisch, da ihm zufolge in Studien zur Wortschatzentwicklung Wortschatzlisten abgefragt werden, welche eher den Wortschatz der gebildeten Schicht widerspiegeln und somit Wörter der weniger gebildeten Schicht in geringerem Maße abbilden [40]. Den größten Einfluss in der Studie von Fenson et al. hat das Geschlecht. Demnach haben Mädchen einen

---

sich der Wortschatz schnell erweitert. Weiteres siehe Abschnitt 2.3.3.

2.2 Mechanismen des frühkindlichen Spracherwerbs

Vorsprung gegenüber Jungen, welcher im Alter von zweieinhalb Jahren in etwa zwei Monate beträgt.

Ein Einfluss demografischer Variablen auf den Spracherwerbsstil kann ebenfalls nur in sehr begrenztem Umfang festgestellt werden. Es finden sich in verschiedenen kleinen Studien gewisse Abhängigkeiten: So wird in [9] festgestellt, dass Mädchen eher referentiell und Jungen eher expressiv sind. Des Weiteren wird in [155, 156, 131, 9] festgestellt, dass erstgeborene Kinder häufiger referentielle Kinder sind und zweitgeborene eher expressiv sind. Dies wird damit begründet, dass Kinder mit unterschiedlichem Geschwisterrang unterschiedliche Sprachumwelten erleben, wodurch Erstgeborene mehr Zeit mit den Eltern allein verbringen und somit mehr Erwachsenensprache hören als Zweitgeborene [156]. Des Weiteren nehmen sich die Eltern bei erstgeborenen Kindern häufig mehr Zeit, um mit den Kindern Bücher anzugucken und Objekte zu benennen [191]. Die Ergebnisse von Nelson, Lieven und Bates et al. [155, 156, 131, 9] können jedoch Shore zufolge in einer größeren Studie zur Abhängigkeit des Spracherwerbsstils von demografischen Variablen nicht bestätigt werden [191]. Ein Einfluss der sozialen Schicht ist nach Shore ebenso nicht zu beobachten. Bates et al. stellen wiederum einen schwachen Zusammenhang fest [7]. Demnach haben Mütter mit hohem Bildungsstand häufiger Kinder, die einen referentiellen Spracherwerbsstil bevorzugen. Dieser Zusammenhang wird damit begründet, dass diese ihren Kindern mehr Vokabular anbieten als Mütter mit niedrigerem Bildungsstand.

Generell kann festgestellt werden, dass in den aufgeführten Studien der Einfluss der demografischen Variablen auf den Spracherwerb gering ist.

- **Einfluss innerer Variablen**

  Der Einfluss des IQ (Intelligenzquotient) auf den Spracherwerbsstil wird von Bates et al. in [9] anhand von Kindern zwischen 0;10 und 2;0 Jahren betrachtet. Da es für Kinder diesen Alters keine IQ-Tests gibt, wird der IQ mithilfe des Peabody Picture Vocabulary Test [215] gemessen. Dabei werden keine nennenswerten Abhängigkeiten beobachtet. Weiterhin betrachten Bates et al. die Beziehung zwischen sozialer Ansprechbarkeit und Spracherwerbsstil. Dabei wird eine leichte Abhängigkeit festgestellt, nach der sozial ansprechbare Kinder zu einem expressiven Stil neigen. Dies wird damit begründet, dass diese Kinder einzelne Wörter und ganze Ausdrücke korrekt imitieren, um die Unterhaltung und damit den sozialen Kontakt in Gang zu halten. Aspekte wie Erregbarkeit oder Aufmerksamkeit werden von Bates et al. ebenfalls betrachtet, wobei keine Abhängigkeiten festgestellt werden.

- **Wechselwirkungen zwischen Eltern und Kind**

  Hampson und Nelson zufolge wirkt die Inputsprache eines Erwachsenen unterschiedlich auf die Sprachentwicklung des Kindes, je nachdem ob dieses einen referentiellen oder einen expressiven Stil verwendet [107]. Demnach sind die Einflüsse bei referentiellen Kindern größer. Bei diesen wirken Objektbeschreibungen positiv auf die Sprachentwicklung, Aufforderungen und Ja-/Nein-Fragen dagegen negativ. Bei expressiven Kindern sind die Einflüsse geringer. Hier wirken Wiederholungen positiv, wohingegen sich bei Aufforderungen und Ja-/Nein-Fragen kein Zusammenhang zeigt. Furrow und Nelson sind ebenfalls der Auffassung, dass Umweltfaktoren Einfluss auf den Spracherwerbsstil von kleinen Kindern haben, aber auch, dass wechselseitige Einflüsse eine Rolle spielen [79]. Demnach richtet sich der Stil der Mutter wiederum teilweise nach dem des Kindes. Weitere Informationen können in [202] nachgelesen werden.

Spracherwerb als Teil allgemeiner kognitiver Entwicklung

Der Spracherwerb stellt nur einen Teil der kognitiven Entwicklung eines Kindes dar. Somit ergibt sich die Vermutung, dass die zum Spracherwerb angewandten Stile Teil eines breiteren kognitiven Stils der Informationsverarbeitung eines Kindes sind. Demnach müssten sich analytische und holistische Herangehensweisen auch in anderen Verhaltensweisen als dem Spracherwerb äußern.

Ein Bereich, welcher der Sprache besonders nahe steht, ist nach Szagun das Symbolspiel [202]. Ähnlich wie bei der Sprache werden beim Symbolspiel erkannte Realitäten durch Symbole ersetzt. Im Gegensatz zur Sprache können die Symbole jedoch eine Ähnlichkeit zu dem Objekt aufweisen, welches sie symbolisieren (z. B. ein grünes Stück Papier für Spinat). Sprachliche Äußerungen dagegen besitzen keine Ähnlichkeit zu dem Gegenstand, den sie symbolisieren. Szagun vermutet, dass somit ein Symbolspiel, basierend auf abstrakten Zuordnungen (z. B. ein Kamm als Symbol für einen Löffel), für ein Kind mit analytischer Herangehensweise leichter zu verstehen sein sollte, als für ein Kind mit holistischer Herangehensweise. Diese Vermutung stützt sich auf eine Untersuchung von Shore [191], in welcher sie Kinder im Alter von 19 bis 21 Monaten eine Essensszene spielen ließ. Dabei wurde der Löffel entweder durch einen Kamm symbolisiert oder durch einen Löffel selbst gespielt. Szagun [202] S.230: "Es zeigte sich, dass referentielle Kinder, die eher analytisch operieren, mehr Symbolspiel zeigten und auch fortgeschrittenere Sprache produzierten, wenn der Kamm den Löffel symbolisierte. Expressive Kinder dagegen, die ja eher holistisch operieren, zeigten mehr Symbolspiel in der realistischen Situation, d. h. wenn der Löffel selbst in der Essensszene fungierte, und sie produzierten in dieser Situation auch längere Äußerungen."

2.3 Sprachliche Fähigkeiten

2.3.1 Phasen der Sprachentwicklung

Wie bereits erläutert, ist die Sprachentwicklung bei jedem Kind sehr unterschiedlich und die Diagnose einer Sprachentwicklungsstörung schwierig. In [171] wird deshalb von vorsichtigen Schätzungen gesprochen, wonach 10 bis 15 % aller Kinder im Alter von bis zu sechs Jahren Rückstände in der Sprachentwicklung in einem der folgenden Bereiche haben: Spontansprache, allgemeines Kommunikationsverhalten, Sprachverständnis, aktiver Wortschatz, Grammatik, Hör-Merkspanne, Unterscheidungs- und Anwendungsbefähigung für bedeutungsdifferenzierende Laute, Artikulation oder sprachliche Lernfähigkeit.

Im Folgenden wird der Sprachentwicklungsverlauf angegeben, wie er laut dem Deutschen Bundesverband für Logopädie e.V. (DBL) und dem Berufsverband der Kinder- und Jugendärzte (BVKJ) als typisch für eine normale Sprachentwicklung im Deutschen angegeben wird [118]. Dieser Definition zufolge gilt ein Kind in seiner Sprachentwicklung als gestört wenn es um mehr als 6 bis 12 Monate von diesem durchschnittlichen Sprachentwicklungsverlauf abweicht. Wenn nicht anders angegeben, basieren die Ausführungen auf [118].

Geburt

- Im Alter zwischen 0 und 12 Monaten kann das Kind noch nicht sprechen, besitzt aber bereits gewisse vorsprachliche Fähigkeiten. Diese können in das Vorsilbenalter (0 - 5 Monate) und das Silbenalter (6 - 12 Monate), bzw. in die erste Lallphase (ab dem 1./2. Monat) und die zweite Lallphase (ab dem 5./6. Monat) unterschieden werden [31].

0 bis 5 Monate

- In den ersten sechs bis sieben Wochen nach der Geburt bestehen die lautlichen Äußerungen des Kindes aus reflexhaftem Schreien und dienen der Signalisierung von Hunger, Schmerz und zum Ausdruck weiterer Bedürfnisse. Diese Phase wird auch als Schreiphase oder das Vorsilbenalter bezeichnet [31, 118].

  Ab zwei bis drei Monaten beginnt der Säugling mit seinen Sprechorganen zu experimentieren (in der Regel als Ausdruck von Wohlbefinden). Dabei werden verschiedene Geräusche, wie Quietschen, Brummen und erste Gurrlaute, wie z. B. "ngä", "ngrr" erzeugt. Diese Phase wird auch als erste Lallphase bezeichnet und ist gesteuert von taktilen Reizen im Mund. Wünsche bzw. Missfallen werden bereits gezielter ausgedrückt, z. B. durch Schreien, Wegdrehen oder Abbrechen des Blickkontakts [31, 118].

6 bis 12 Monate

- An die Phase des Vorsilbenalters schließt sich die Phase des Silbenalters an, welche auch als Silbenplappern, zweite Lallphase oder kanonisches Lallen bezeichnet wird [31, 118]. Sie ist geprägt durch die Produktion wiederholter Konsonant-Vokal-Silben, wie z. B. "baba" oder "dada", wobei die Laute zunehmend an die Muttersprache angepasst werden. Diese Phase ist vom Hören gesteuert, erst durch Selbstnachahmung (ca. 5./6. Monat), dann durch Fremdnachahmung (ca. 8./9. Monat).

Vom achten bis zehnten Monat fängt das Wortverständnis an sich zu entwickeln und ab dem zehnten Monat reagiert das Kind bereits auf seinen Namen, indem es sich zum Sprecher wendet und auf die Aufforderung "komm her", indem es herkommt [96, 118]. Zwischen dem 10. und 13. Monat beginnt die Wortproduktion, wobei zunächst mehrsilbige Lautketten mit unterschiedlichen Konsonanten, wie z. B. "maba" (variables Lallen) produziert werden. Der Lautbestand ist bereits der Muttersprache angepasst. Erste Wörter, wie z. B. "Mama", "nein" oder "wau-wau" werden produziert, bzw. wird versucht Wörter, Silben oder Geräusche nachzuahmen, wie z. B. "Mama", "dada", "baba" oder Motorengeräusche. Dabei treten verschiedene alterstypische Vereinfachungsprozesse auf:

  – Silbenverdopplungen, z. B. Ball → "Baba",
  – Auslassung unbetonter Silben, z. B. Banane → "Nane",
  – Lautauslassungen, v. a. finaler Konsonanten, z. B. Löffel → "Löffe",
  – Vereinfachung von Konsonantenverbindungen, z. B. Brot → "Bot",
  – Lautersetzungen, v. a. von Frikativen, z. B. Schuh → "Tu".

18 bis 24 Monate

Ab dem Alter von 18 Monaten besitzt das Kind bereits eine Reihe sprachlicher Fähigkeiten, sodass diese im Folgenden etwas differenzierter betrachtet werden:

- **Sprachverstehen:** Im Alter von 21 Monaten beträgt der passive Wortschatz bereits ca. 200 Wörter. Das Kind versteht einfache Aufforderungen, wie z. B. "hol den Ball" oder "zeig mir den Stuhl".
- **Aussprache/Lauterwerb:** Das Kind produziert hauptsächlich vordere Plosive und Nasale, wie z. B.: m, b, p, d, t, n, l. Weiterhin produziert es einige Frikative und hintere Laute, wie z. B.: f, w, g, k. Alterstypische Vereinfachungsprozesse sind weiterhin diejenigen, welche bereits ab 12 Monaten auftreten, sowie die Fehlbildung des S-Lautes (meistens interdentaler Sigmatismus).
- **Wortschatz:** Ab einem Alter von zwischen 18 und 20 Monaten beginnt sich der

2.3 Sprachliche Fähigkeiten

Wortschatz schnell zu erweitern, was bis zum 24. Monat anhält [96]. Diese Phase wird häufig auch als Wortschatzexplosion bezeichnet (vgl. Abschnitt 2.3.3). Das Kind spricht ab diesem Zeitpunkt bereits 50 bis 200 Wörter und es kommen pro Tag fünf bis zehn neue Wörter hinzu. Dazu zählen in der Regel Substantive, wie z. B.: Körperteile, Spielsachen; Funktionswörter, wie z. B.: "da", "mehr", "auch" und erste Verben, wie z. B. "aufmachen". Als Grenze zur Bestimmung, ob das Kind Gefahr läuft, eine Sprachentwicklungsstörung zu entwickeln, geben Grimm et al. das Erreichen der 50-Wortgrenze für das Alter von zwei Jahren an [95, 94].
- **Grammatik:** Ab 21 bis 24 Monaten produziert das Kind bereits erste Wortkombinationen in Form von Zweiwortäußerungen wie z. B. "Ball haben" oder "Puppe schlafen". Weiterhin werden Negationswörter verwendet, wie z. B. bei "nicht haben". Dies ist auch die Zeit des ersten Fragealters, in welchem Einwortfragen mit steigender Intonation geäußert werden, wie z. B. "Is das?".

28 Monate

- Das Kind beginnt grammatikalische Äußerungen zu produzieren [96].

32 bis 36 Monate

- **Sprachverstehen:** In diesem Alter versteht das Kind bereits Zweifachaufträge, wie z. B. "Lege den Löffel in die Tasse!", kann Grundfarben zuordnen und versteht einfache Präpositionen.
- **Aussprache/Lauterwerb:** Das Kind spricht fast alle Laute korrekt, mit Ausnahme der Zischlaute: s, sch, ch. Ebenso werden erste Konsonantenverbindungen gebildet, Bsp.: bl, fl. Alterstypische Vereinfachungsprozesse sind:
  - Vereinfachungen von Konsonantenverbindungen
  - Lautersetzungen, v. a. von sch und ch, z. B. Schuh → "Su", Ich → "Is"
  - Lautangleichungen, z. B. "Treppe" → "Kreppe", "Drei" → "Grei"
  - Sigmatismus
- **Wortschatz:** Mit 30 Monaten spricht das Kind bereits etwa 450 Wörter, es gebraucht Verben, Adjektive, Adverbien und Artikel, erste Präpositionen, wie z. B.: "in", "unter", Personalpronomen, wie z. B.: "ich", "du", "mein" und es kann die Grundfarben benennen.
- **Grammatik:** Auf grammatikalischer Ebene kann es bereits die korrekte Verbzweitstellung anwenden, wie z. B. "Lisa trinkt Wasser" sowie Nebensatzbildungen mit einfachen Konjunktionen, wie "und" oder "weil". Es ist ebenfalls der Zeitpunkt des zweiten Fragealters (Wer? Was? Wo? Warum? und weitere).

36 Monate

- **Sprechflüssigkeit:** Bei einigen Kindern können normale Unflüssigkeiten auftreten, die sich in Form von Wiederholungen von Satzteilen oder langsamen Wiederholungen von ganzen Wörtern äußern, wie z. B.: "Ich will, ich will, ich will Saft haben." Jedoch ist es auch das typische Alter des Stotterbeginns, welches sich in stottertypischen Unflüssigkeiten äußert. Alarmierende Signale sind Wiederholungen von Lauten und Silben, Verlängerungen von Lauten und Blockierungen von Wörtern oder innerhalb eines Wortes.

42 Monate

- Verschiedene Vereinfachungsprozesse sind in diesem Alter mittlerweile überwunden, wie z. B. Probleme bei t, d, n und/oder häufige Lautersetzungen am Wortanfang durch h.

43 bis 48 Monate

- **Sprachverstehen:** Das Kind versteht bereits Mehrfachaufträge, Bsp.: "Nimm einen blauen Stein und lege ihn auf den Tisch", kann Farben zuordnen und versteht Präpositionen.
- **Aussprache/Lauterwerb:** Es werden so gut wie alle Laute korrekt ausgesprochen, mit der Ausnahme von s und sch. Probleme bei der Aussprache von w, f, ch, k und g sind nicht mehr altersgerecht.
- **Wortschatz:** Das Kind verwendet weitere Präpositionen, wie z. B. "neben", "vor" und benennt Farben korrekt.
- **Grammatik:** Die Verbzweit-/-endstellung in Haupt- und Nebensätzen wird korrekt angewendet, Bsp.: "Ich gehe ins Bett, weil ich müde bin.", reguläre Verbflexionen werden korrekt gebildet, Bsp. "Ich mache...", "du machst..." und Vergangenheits- und Zukunftsformen werden korrekt verwendet, Bsp.: "Ich war heute im Kindergarten.". Weiterhin singt das Kind Lieder und spricht Verse.

58 bis 64 Monate

- **Sprachverstehen:** In diesem Alter befolgt das Kind bereits drei Aufträge in korrekter Reihenfolge, wie z. B. "Nimm das kleine Pferd und stelle es hinter das große Haus!".
- **Sprachproduktion:** Das Kind spricht alle Laute korrekt, bis auf den S-Laut. Es verwendet Oberbegriffe, wie Fahrzeuge oder Möbel, benutzt abstrakte Begriffe, wie z. B. Glück und zählt bis 10. Aus grammatikalischer Sicht werden

nun Pluralformen korrekt angewendet. Jedoch zeigen sich noch Unsicherheiten bei verneinten Sätzen, Fragen und Passivsätzen. Des Weiteren erzählt das Kind bereits kleine Geschichten nach.

2.3.2 Lautebene

Die sprachlichen Fähigkeiten auf der Lautebene entwickeln sich durch Training, wodurch die Sprechwerkzeuge kräftiger werden und die feinmotorischen Fähigkeiten steigen, um diese gezielter steuern zu können. In Abschnitt 2.3.1 wurde bereits die sprachliche Entwicklung eines Kindes im Ganzen dargestellt. In diesem Abschnitt werden nun die Entwicklungen auf der Lautebene zusammenfassend aufgeführt. Linguistisch betrachtet ist die Lautebene die unterste Ebene des Sprachsignals, wobei diese wiederum oft in phonetische und phonologische Ebene unterschieden wird. Diese zwei Ebenen stehen dabei in enger Wechselwirkung und sind nicht immer eindeutig voneinander zu trennen. Auf phonetischer Ebene werden die Laute (Phone) selbst betrachtet und auf phonologischer Ebene wird die Verwendung der Laute im Kontext mit anderen Lauten analysiert. Somit wird die Phonetik auch als Sprechaktlautlehre und die Phonologie als Sprachgebildelautlehre bezeichnet.

Phonetische Ebene

Wie bereits in Abschnitt 2.1.2 dargestellt wurde, hängt die akustische Erscheinung von stimmhaft gesprochenen Lauten hauptsächlich von Resonanzeigenschaften des Vokaltraktes ab und weniger von den sprachlichen Fähigkeiten. Die akustische Erscheinung von Konsonanten (stimmlos gesprochen) wird hingegen eher von den sprachlichen Fähigkeiten des Kindes bestimmt. Somit erwerben Kinder im Laufe ihrer Sprachentwicklung die Fähigkeit, diese Laute richtig zu bilden. Jakobsen zufolge ist die Reihenfolge, in welcher Kinder die Laute erwerben, dabei relativ konstant, wohingegen sich die genauen Zeitpunkte zwischen verschiedenen Kindern stark unterscheiden können [120]. So kann es sein, dass zwei Neuerscheinungen bei einem Kind unmittelbar aufeinander folgen und bei einem anderen Kind durch mehrere Monate oder sogar Jahre getrennt sind. Nach Jakobsen gibt es Kinder, die das Lautsystem ihrer Muttersprache sehr schnell lernen und bereits gegen Mitte des zweiten Lebensjahres in vollem Besitz desselben sind, wohingegen andere Kinder viel länger benötigen und noch im Schulalter stammeln. Die phonetische Entwicklung eines Kindes wird im Lautentwicklungsprofil nach Grohnfeldt [97] in Abbildung 2.16 dargestellt. Die relativ feste Reihenfolge für den Erwerb der verschiedenen Laute lässt sich durch unterschiedliche Schwierigkeitsgrade der Lautproduktion begründen. Demnach werden zuerst Labiale (Lippenlaute), dann Dentale (Zahnlaute) und schließlich Gaumenlaute gebildet. Nach [120] kann dies mithilfe der folgenden Regeln beschrieben werden:

- Der Erwerb von Engelauten setzt den von Verschlusslauten voraus,

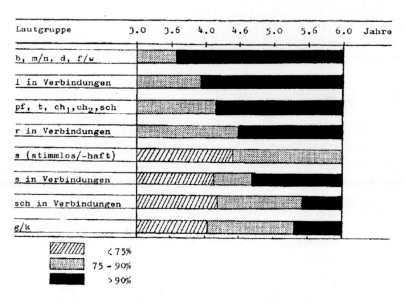

Abbildung 2.16 – Lautentwicklungsprofil nach Grohnfeldt [97].

- der Erwerb von hinteren Konsonanten setzt den von vorderen Konsonanten voraus (Gaumenlaute entstehen nach labialen und dentalen Lauten) und
- der Erwerb von hinteren Engelauten setzt den von vorderen Engelauten und hinteren Verschlusslauten voraus.

Danach können /p/, /m/, /n/, /t/, /d/ zu den frühen Konsonanten und /k/, /g/ sowie alle Reibelaute wie /f/, /w/, /s/, /z/, /sch/, /c/, /j/, /x/ zu den späten Konsonanten zugeordnet werden. Außerdem werden stimmhafte Plosive /b/, /d/, /g/ vor stimmlosen Plosiven /p/, /t/, /k/ gebildet.

Weiterhin stellen verschiedene Arbeiten fest, dass die frühen Lautäußerungen eines Kindes noch nicht mit den Lautsymbolen des IPA dargestellt werden können, da dafür eine gewisse Wohlgeformtheit der Laute notwendig ist, welche von der Mehrheit der Kinder erst im Alter von vier Jahren erreicht wird [211, 153].

Phonologische Ebene

Wenn ein Kind in der Lage ist, die Laute in isolierter Form richtig zu bilden, kann es dennoch sein, dass es diese im Kontext mit anderen Lauten nicht richtig artikuliert. Die phonologisch richtige Anwendung der einzelnen Laute erfordert feinmotorische Fähigkeiten, die das Kind mit der Zeit erwirbt. Nach [4] existieren folgende Gruppen von phonologischen Vereinfachungsprozessen:

2.3 Sprachliche Fähigkeiten

- Substitutionen (Ersetzungen),
- Assimilationen (Harmonisierungsprozesse),
- Reduktion von Mehrfachkonsonanten,
- Additionen (Adjunktionen/Hinzufügungen),
- Elisionen (Auslassungen) und
- Permutationen (Umstellungen).

Diese können nach [100, 14, 185, 75] in der folgenden Weise genauer unterschieden werden:

Substitutionen Demnach werden noch nicht beherrschte Laute durch bereits beherrschte ersetzt, wobei die folgenden Substitutionstypen besonders häufig auftreten:
- Ersetzen von Frikativen durch Plosive (Plosivierung).
- Ersetzen von hinteren Lauten durch vordere (z. B. Labialisierung).
- Liquide werden generell spät erworben und somit häufig ersetzt.

Assimilationen/Harmonisierungsprozesse Konsonanten werden bevorzugt einander angeglichen:
- Labialassimilation
- Velarassimilation
- Prävokalische Stimmgebung

Silbenstrukturprozesse Anfangs verwendete Silben und Wörter weisen häufig eine vereinfachte Struktur auf, welche nach folgenden Regeln geschieht:
- Auslautende Silben oder finale Konsonanten werden weggelassen,
- Konsonantenverbindungen werden reduziert oder vereinfacht,
- unbetonte Silben im Anlaut werden weggelassen sowie
- Reduplikationen.

Ähnlich wie auf phonetischer Ebene können keine festen Zeitpunkte genannt werden, wann ein Kind welche Fähigkeiten besitzt (phonologische Vereinfachungsprozesse überwindet), da diese bei verschiedenen Kindern stark variieren. Jedoch können Tendenzen formuliert werden, die sich nach der Schwierigkeit richten, entsprechende Lautkombinationen richtig auszusprechen. Nach [4] können die folgenden Tendenzen beobachtet werden:

- Silbendopplungen, Silbenauslassungen sowie Auslassungen finaler Konsonanten gehören meist zu den früh überwundenen Prozessen,
- Vokalsubstitutionen treten ebenfalls meist in einer frühen Phase auf,
- die Vereinfachung von Mehrfachkonsonanten wird meist erst spät überwunden und
- bei der Substitution von Konsonanten dauern Substitutionsprozesse, welche die Artikulationsstellen betreffen, häufig am längsten an.

Sprachunauffällige Kinder versuchen zwischen zwei und fünf Jahren nach und nach die phonologischen Vereinfachungsprozesse zu unterdrücken und nähern ihre Aussprache dem Erwachsenenstand an [109]. Weitere Informationen zur phonologischen Entwicklung können [119] entnommen werden.

2.3.3 Wortebene

Aus psycholinguistischer Sicht kann die Wortebene als semantisch-lexikalische Ebene betrachtet werden. Dies liegt daran, dass die Entwicklung des Wortschatzes eng mit der semantischen Repräsentation im Gehirn zusammenhängt. Für die Funktionsweise dessen existieren verschiedene Theorien, die z. B. in Theorien semantischer Felder und in Theorien semantischer Kategorien unterschieden werden können. Dabei existieren beide Ordnungssysteme parallel und werden für das Abbilden unterschiedlicher Wortkategorien verwendet [153]. In dieser Arbeit werden diese Theorien jedoch nicht weiter betrachtet. Weiterführende Informationen zur Sprachentwicklung auf semantisch-lexikalischer Ebene werden in [181] gegeben.

Wortschatzentwicklung

Die Angabe, wie viele Wörter ein Kind in welchem Alter sprechen kann, ist schwierig. Zum einem variiert die Wortschatzgröße bei verschiedenen Kindern (und unterschiedlichen Spracherwerbsstilen) sehr stark. Und zum anderen stellt sich die Frage, wie die Daten am besten erhoben werden. Des Weiteren ist zwischen aktivem und passivem Wortschatz zu unterscheiden, da zum Verstehen und Wiedererkennen eines Wortes (Objektes) unvollständige Lexikoneinträge ausreichend sind, wohingegen für das Produzieren eines Wortes phonetisch-phonologische und semantische Informationen benötigt werden, die erst im Laufe der Zeit durch den Kontakt mit dem Wort (Objekt) entstehen [143].

Demzufolge finden sich in der Literatur äußerst unterschiedliche Angaben zur Wortschatzgröße von Kindern. In Tabelle 2.1 sind Werte zum aktiven Wortschatz aus [159] dargestellt. In [7, 32, 202] werden weitere Werte für Wortschatzgrößen angegeben:

2.3 Sprachliche Fähigkeiten

Tabelle 2.1 – Wortschatzentwicklung im Verhältnis zum Alter. Tabelle aus [159].

Alter	Zahl der Wörter	Zuwachs
0;8	0	-
0;10	1	1
1;0	3	2
1;3	19	16
1;6	22	3
1;9	118	96
2;0	272	154
2;6	446	174
3;0	896	450
3;6	1222	326
4;0	1540	318
4;6	1870	330
5;0	2072	202
5;6	2289	217
6;0	2562	273

- 16 Monate: 10 - 200 Wörter, Durchschnitt 40 Wörter,
- 24 Monate: 50 - 550 Wörter, Durchschnitt 200 Wörter,
- 30 Monate: 250 - 680 Wörter, Durchschnitt 450 Wörter,
- 3 Jahre: Durchschnitt 800 - 1000 Wörter sowie
- 5 - 6 Jahre: aktiv: 3000 - 5000 Wörter, rezeptiv: 9000 - 14000 Wörter.

Wie bereits in Abschnitt 2.2 erwähnt wurde, besitzen Kinder, welche einen referentiellen Spracherwerbsstil verwenden, zum Anfang des Sprachbeginns tendenziell einen größeren Wortschatz als Kinder, die einen expressiven Spracherwerbsstil verwenden. Die Wortschatzzusammensetzung unterscheidet sich ebenfalls bei diesen Kindern, wobei referentielle Kinder zunächst mehr Nomen und Objektbenennungen gebrauchen und expressive Kinder häufiger feststehende Ausdrücke und Routinen verwenden. Generell ist der Anteil an Nomen im frühen Sprachgebrauch sehr hoch, wobei mit steigender Wortschatzgröße immer mehr Verben, Adjektive, Präpositionen und weitere Wortarten verwendet werden.

Muster des Wortschatzwachstums

Verschiedene Studien haben sich damit beschäftigt, welchen Verlauf die Kurve des Wortschatzwachstums beschreibt. Dabei stellen die Autoren jeweils unterschiedliche Muster fest, was nach [143] entweder an den betrachteten Kindern in den Studien liegt oder auf die Messmethoden zurückzuführen ist. Demnach werden folgende Muster beobachtet:

- Schnelles, sprunghaftes Wortschatzwachstum (Vokabelspurt), z. B. [91],
- mehrere kleine Sprünge (treppenförmig), z. B. [39],
- graduelles, lineares Wachstum, z. B. [24, 91],
- exponentielle Wachstumskurve, z. B. [8],
- abwechselnder Verlauf von mehr oder weniger ausgedehnten Spurtintervallen und Plateaus, z. B. [91].

Der Begriff der Wortschatzexplosion, Vokabelspurt oder auch Benennungsexplosion wird in der Literatur häufig verwendet. Dieser steht für ein starken Einsetzen des Wortschatzwachstums im Alter zwischen 18 und 20 Monaten (bzw. ab einer Wortschatzgröße von 50 Wörtern), welches ca. bis zum 24. Monat andauert [96]. Diese Phase als Wortschatzexplosion zu bezeichnen, wird jedoch von einigen Wissenschaftlern als fragwürdig eingestuft. Untersuchungen von Ganger und Brent zufolge ließ sich ein sprunghafter Wortschatzanstieg nur bei acht von 36 Kindern nachweisen [81]. Des Weiteren stellt sich die Frage, wie der Erwerb neuer Wörter funktioniert. Häufig wird davon gesprochen, dass Kinder in verschiedenen Phasen ihrer Sprachentwicklung täglich fünf bis zehn neue Wörter lernen. Bloom zufolge ist diese Angabe sowie die Sichtweise einer Wortschatzexplosion eine starke Vereinfachung und nicht korrekt [25]. Rein rechnerisch sind diese Zahlen plausibel, wenn man betrachtet, wie viele Wörter ein Kind vor Beginn und nach Abschluss einer Zeitspanne von entsprechender Länge sprechen kann. Bloom weist darauf hin, dass das Lernen eines Wortes zwar ein punktuelles Ereignis sein kann, jedoch in den meisten Fällen vielmehr ein Prozess ist, in welchem sich das Kind die Bedeutung und Struktur von Sprache erschließt und somit die Bedeutung vieler Wörter parallel erwirbt. Um dies zu veranschaulichen, führt Bloom einige Beispiele zu Prozessen unterschiedlicher Natur auf, aus welchen deutlich wird, welche unterschiedlichen Sachverhalte hinter absoluten Zahlenwerten stehen können. So führt er z. B. auf, dass das Trinken eines Bieres als relativ punktuelles Ereignis betrachtet werden kann. In einem anderen komplexeren Beispiel erläutert er einen Prozess, der nicht als punktuelles Ereignis beschrieben werden kann. Dieses Beispiel handelt von einer fiktiven Person namens Jane, die in einem Jahr vier wissenschaftliche Artikel geschrieben hat und dennoch nicht in der Lage ist, einen Artikel in drei Monaten zu schreiben. Dies liegt daran, dass der Prozess des Schreibens nicht als losgelöstes punktuelles Ereignis betrachtet werden kann. Er gibt zwei mögliche Abläufe an, von denen der erste ist, dass Jane für den ersten Artikel sechs Monate benötigt hat, für den zweiten vier, für den dritten fünf Wochen und dass sie sich für den letzten beeilt hat und diesen in einer Woche geschrieben hat. Der zweite mögliche Ablauf beruht darauf, dass das Schreiben von wissenschaftlichen Artikeln sehr gut als paralleler Ablauf betrachtet werden kann. Demnach ist es möglich, dass Jane die ersten Monate damit verbracht hat, die Einleitungen für alle Artikel zu schreiben, dass sie in den darauf folgenden Monaten jeweils die Methoden und Resultate geschrieben hat und dass sie den Rest der Zeit genutzt hat, um jeweils die Diskussion zu schreiben und

2.3 Sprachliche Fähigkeiten

die Artikel abzuschließen. Somit ist es möglich, dass sie in der Lage ist, vier Artikel in einem Jahr zu schreiben und es dennoch nicht schaffen würde, einen in drei Monaten zu schreiben. Von einem ähnlichen Ablauf geht Bloom beim Wortschatzerwerb von Kindern aus, womit er verdeutlichen will, dass die Angaben zu Wortschatzgrößen in einem bestimmten Alter einen Ablauf suggerieren, der in Wirklichkeit ganz anders abläuft.

Wortbedeutungen

In der Entwicklung eines Kindes ist zu beobachten, dass sich neben der Vergrößerung des Wortschatzes die Wortbedeutung ebenfalls mit entwickelt und dass diese zu Beginn nicht immer ganz korrekt ist. Demnach treten besonders in der frühen Phasen der Sprachentwicklung die folgenden Bedeutungsunterschiede auf [159]:

- **Übergeneralisierung:** Anwendung eines Begriffs auf mehrere Objekte oder Ereignisse, wie z. B.: "Katze" für alle Vierbeiner.
- **Überdiskriminierung:** eingeschränkte Verwendung eines Begriffs, wie z. B.: "Stuhl" nur für den ganz bestimmten Stuhl im Wohnzimmer.

Diese Phänomene lassen nach, sobald das Kind die hierarchische Struktur von Wortfeldern wahrnimmt. Des Weiteren verwenden Kinder häufig Lautmalereien (Onomatopoetika), wie z. B. Wauwau für einen Hund oder Kikeriki für einen Hahn. Diese Sprache legen Kinder gewöhnlich im Alter von drei Jahren ab [157]. Weitere Informationen zur Rolle des Wortschatzes bei Kindern können [27] entnommen werden.

2.3.4 Satzebene

Mit fortschreitenden sprachlichen Fähigkeiten fangen Kinder an, längere Äußerungen zu bilden und grammatische Konstruktionen zu gebrauchen. Der Grammatikerwerb vollzieht sich bei den meisten Kindern im Alter von eineinhalb bis vier Jahren. Ab diesem Alter haben die meisten Kinder die Grammatik ihrer Muttersprache fast vollständig erworben. Dabei läuft der Grammatikerwerb nebenher ab, ohne dass diesem Bereich aktiv gesonderte Aufmerksamkeit von dem Kind oder Erwachsenen gewidmet wird [202]. Die Stufen, die ein Kind durchläuft, sind Einwortäußerungen, Zweiwortäußerungen, Drei- und Mehrwortäußerungen und komplexe Strukturen. Dabei verlaufen die Übergänge fließend, sodass ein Kind zunächst einzelne Wörter produziert und im Laufe der Entwicklung vermehrt Zweiwortäußerungen und später Drei- oder Mehrwortäußerungen sowie komplexe Strukturen produziert. Parallel dazu nimmt die Zahl der kürzeren Äußerungen mit zunehmender Entwicklung ab. Dabei existieren große Schwankungen zwischen verschiedenen Kindern, die normal sind. So beginnen viele Kinder ihre ersten Wörter mit ca. einem Jahr zu produzieren. Die Spanne, welche normal ist, liegt allerdings zwischen acht Monaten und fast zwei Jahren [74]. Nach

[202] kann grob die folgende Einteilung getroffen werden:

- **Einwortäußerungen** treten zwischen 1;0 und 1;8 auf,
- **Zweiwortäußerungen** werden gehäuft zwischen 1;6 und 2;3 produziert,
- **Drei- und Mehrwortäußerungen** entstehen zwischen 2;0 und 4;0 und
- **komplexe Strukturen** entwickeln Kinder zwischen 3;0 und 12;0.

Die Äußerungen, die zunehmend länger werden, werden jedoch zu Beginn nicht immer grammatikalisch korrekt gebildet. Dies liegt unter anderem daran, dass es im Deutschen verschiedene Regeln gibt, die jedoch nicht immer zutreffen (z. B. Pluralbildung: Pferd → Pferde vs. Herz → Herzen). Somit machen Kinder beim Erwerb grammatischer Äußerungen typische Fehler, auf die an dieser Stelle jedoch nicht weiter eingegangen wird. Einzelheiten zum Grammatikerwerb sowie typischen Fehlern können in [202] nachgelesen werden.

In [154] wird untersucht, inwieweit die linguistischen Eigenschaften von Kindern zwischen acht und 14 Jahren schwanken. Dazu werden die Kinder innerhalb eines Mensch-Maschine-Dialogs an festgelegten Stellen dazu gebracht, semantisch gleichwertige Äußerungen zu produzieren, die anschließend zwischen verschiedenen Kindern verglichen werden. Als Ergebnis der Untersuchung wird festgestellt, dass die linguistischen Schwankungen zwischen verschiedenen Sprechern für eine gleichwertige Äußerung größer sind, als bei einem Sprecher zwischen verschiedenen Äußerungen. Dieser Studie zufolge kann man vorsichtig vermuten, dass jeder Mensch seinen eigenen Sprachstil aufbaut und diesen auch in verschiedenen Situationen anwendet. Dies ist allerdings nur eine sehr einfache Einschätzung, von deren genereller Gültigkeit (andere Situationen, anderes Alter der gleichen Person) nicht ausgegangen werden kann. Inwieweit sich diese Beobachtung von Erwachsenen unterscheidet, wird in der Studie nicht betrachtet. Des Weiteren wird festgestellt, dass die Schwankungen innerhalb eines Sprechers bei Mädchen 10 % größer sind als bei Jungen und dass die Schwankungen allgemein bei 11- bis 14-Jährigen 10 % größer ausfallen als bei acht- bis zehnjährigen Kindern.

Weiterhin gilt zu beachten, dass die getrennte Betrachtung verschiedener Sprachebenen nur ein Modell ist. Speziell in frühen Stadien der Sprachentwicklung wird deutlich, dass z. B. die grammatische und die semantische Ebene nicht getrennt voneinander betrachtet werden können (vgl. Abschnitt 2.2, Entwicklung von Wortschatz und Grammatik bei verschiedenen Spracherwerbsstilen).

3 Literaturbetrachtung und Stand der Forschung

Nachdem im vorangegangenen Kapitel die Eigenschaften und Besonderheiten der Kindersprache beschrieben wurden, betrachtet dieses Kapitel die verfügbare Literatur zum Erkennen von Kindersprache. Diese Betrachtung erfolgt zum einen aus einem quantitativen und zum anderen aus einem qualitativen Blickwinkel. In dem quantitativen Teil wird dargestellt, wie viele Studien sich bisher mit dem Erkennen von Kindersprache befasst haben und welche Kindersprachdatenbasen existieren. Da in verfügbarer Literatur bislang keine ausführliche Auflistung existierender Kindersprachdatenbasen verfügbar war, wurde eine Darstellung dessen vom Autor dieser Arbeit auf der Konferenz Interspeech 2013 veröffentlicht [42]. Im qualitativen Teil dieses Kapitels werden die Verfahren betrachtet, welche bisher zum Erkennen von Kindersprache angewendet wurden, wobei ein spezielles Verfahren, die Vokaltraktlängennormierung, genauer erläutert wird.

3.1 Existierende Studien

In existierender Literatur zum Erkennen von Kindersprache ist häufig nachzulesen, dass das Erkennen dieser speziellen Sprechergruppe bislang in der Wissenschaft nur wenig erforscht wurde. In den letzten Jahren hat sich dies jedoch stark gewandelt und immer mehr Untersuchungen zum Erkennen von Kindersprache wurden durchgeführt und publiziert. Dies spiegelt sich unter anderem in den Veröffentlichungen auf etablierten Konferenzen zur Sprachsignalverarbeitung, wie z. B. ICASSP (IEEE International Conference on Acoustics, Speech, and Signal Processing) oder Interspeech (Annual Conference of the International Speech Communication Association), als auch in der Existenz einer Konferenzreihe speziell zur Thematik (WOCCI – Workshop on Child and Computer Interaction, seit 2008) wider.

In einer umfangreichen Literaturrecherche wurden Arbeiten zum Erkennen von Kindersprache und benachbarten Themengebieten zusammengetragen und werden in diesem Abschnitt quantitativ ausgewertet. Die Recherche erfolgte durch Sichtung von Artikeln aus Tagungsbänden von Konferenzen zur Sprachsignalverarbeitung und durch die Nutzung weiterer Quellen wie IEEE Xplore, Google Scholar und weiteren sowie durch das Einbeziehen von Literatur, welche in bereits gefundenen Arbeiten zitiert wurde. Auf diese Weise wurden über 1000 Artikel aus 92 verschiedenen Konferenzen sowie Dissertationen zur Thematik und angrenzenden Themengebieten zusammengetragen. Die Artikel weisen die in Abbildung 3.1 dargestellte Verteilung bezüglich der Veröffentlichungsjahrgänge auf.[1] Es ist zu erkennen, dass zum Zeitpunkt der Erhebung nicht aus jedem Jahr die Tagungsbände aller Konferenzen verfügbar waren. Durch die Nutzung weiterer Quellen sowie zitierter Literatur ist es jedoch wahrscheinlich, dass relevante Arbeiten (insbesondere wichtige, häufig zitierte) auch aus diesen Jahrgängen gefunden wurden. In der Abbildung ist weiterhin zu sehen, dass die Anzahl der Artikel, die sich mit dem betrachteten Themengebiet befassen, von Jahr zu Jahr steigt. Von den über 1000 Arbeiten befassen sich 200 Arbeiten explizit mit Kindersprache[2] (Merkmale von Kindersprache sowie dem Erkennen von Kindersprache) und 100 Arbeiten als Teilmenge davon mit dem Erkennen von Kindersprache, wobei die meisten Arbeiten englischsprachige Daten von Kindern zwischen sechs und 18 Jahren verwenden. Die weiteren über 800 Arbeiten behandeln angrenzende Themengebiete wie Adaptionstechniken, Verfahren zur Sprechernormierung, Alters- und Geschlechtserkennung sowie Themen aus weiteren Forschungsgebieten. Diese Betrachtung stellt keinen Anspruch auf Vollständigkeit, verdeutlicht jedoch das allgemein wachsende Interesse an diesem Forschungsgebiet und stellt die Basis für die weiteren Betrachtungen in diesem Kapitel dar.

3.1.1 Betrachtung des Alters in existierenden Studien

Die Abbildungen 3.2 und 3.3 zeigen die Verteilung des Alters in den betrachteten Untersuchungen zur ASR von Kindern und Eigenschaften von Kindersprache. Jede vertikale Linie repräsentiert dabei einen Artikel und zeigt zugleich, in welchem Alter sich die Kinder in der Untersuchung befanden. Die Länge der Linie gibt demnach den betrachteten Altersbereich an. Benachbarte Linien selber Länge und desselben Altersbereichs lassen darauf schließen, dass dieselben Daten für die Untersuchungen verwendet wurden. Die Daten stammen aus den Datenbasen, welche in Abschnitt 3.2 aufgezählt werden.[3]

In beiden Abbildungen ist zu sehen, dass die meisten Studien Daten von Kindern zwischen sechs und 18 Jahren betrachten. Weiterhin ist erkennbar, dass nur wenige Studien für Vorschulkinder gemacht wurden. Viele dieser Studien behandeln Eigenschaften der Kindersprache und sind demzufolge nur in Abbildung 3.2 dargestellt. Diese Stu-

---

[1] Die Abbildungen 3.1, 3.2 und 3.3 wurden in einer frühen Phase dieser Arbeit, nach Abschluss der Literaturrecherche, erstellt. In späteren Stadien der Arbeit wurde vereinzelt weitere relevante Literatur gefunden. Diese ist in den Abbildungen nicht mit dargestellt.

[2] In den 200 Artikeln handelt es sich hauptsächlich um Arbeiten aus dem Bereich der Sprachsignalverarbeitung. Arbeiten aus anderen Fachbereichen (Linguistik, Erziehungswissenschaften, Entwicklungspsychologie, und weiteren) sind in dieser Betrachtung nicht berücksichtigt.

[3] In einigen wenigen Artikeln (hauptsächlich zu Vorschulkindern) sind die Daten nur unzureichend beschrieben, sodass diese nicht in die Darstellung in Abschnitt 3.2 aufgenommen wurden.

3.1 Existierende Studien

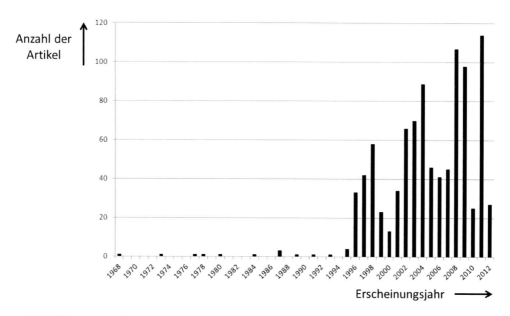

Abbildung 3.1 – Anzahl der Arbeiten zur Erkennung von Kindersprache sowie benachbarten Themengebieten dargestellt über ihrem Veröffentlichungsjahr.

dien untersuchen Eigenschaften von Kindersprache ab der Geburt oder betrachten eine recht große Altersspanne und demnach nicht Vorschulkinder im Speziellen. Untersuchungen zur ASR von Kindern existieren nicht für solch junge Kinder, diese sind erst für Kinder ab drei Jahren verfügbar. Ab dem Alter von vier Jahren existieren Studien im gleichen Maße über Eigenschaften der Kindersprache sowie zur ASR von Kindern. Der hervorgehobene Teil in beiden Abbildungen zeigt Untersuchungen von Kindern zwischen drei und sechs Jahren. Es ist deutlich zu erkennen, dass nur sehr wenige Studien veröffentlicht wurden, welche Daten von Kindern dieser Altersgruppe verwenden.

3.1.2 Studien zur ASR von Vorschulkindern

Wie bereits in Abschnitt 3.1.1 und Abbildung 3.3 dargestellt, wurden in der durchgeführten Literaturrecherche nur sehr wenige Arbeiten zur ASR von Vorschulkindern gefunden. Diese existieren für Kinder ab drei Jahren.[4] Einige der Studien, welche sich

---
[4]In Abbildung 3.3 deutet der Balken des ersten Artikelindex an, dass in dieser Studie Daten von Kindern ab dem Säuglingsalter verwendet wurden. Bei dieser Arbeit handelt es sich um eine Untersuchung zur Analyse und automatischen Bestimmung von subglottalen Resonanzfrequenzen [135]. Da zu Beginn dieser Arbeit nicht klar war, inwieweit dies zur ASR von Kindersprache verwendet werden kann, taucht diese Untersuchung an dieser Stelle auf, hat aber für den weiteren

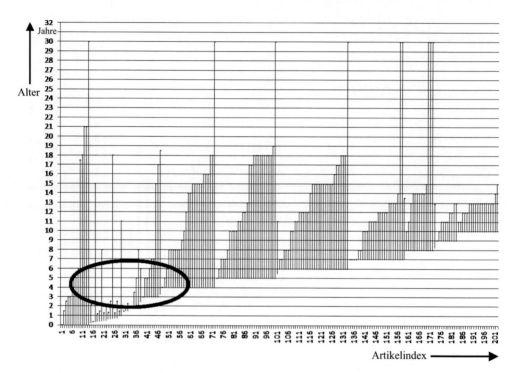

Abbildung 3.2 – Darstellung der betrachteten Altersgruppe in publizierten Arbeiten zur ASR von Kindern sowie Eigenschaften von Kindersprache.

mit ASR von Schulkindern beschäftigen, verwenden Daten, in welchen auch Sprache von Vorschulkindern enthalten ist [98, 176, 26]. Die meisten dieser Daten sind jedoch von Schulkindern, wodurch ASR von Vorschulkinder, in diesen Studien nicht explizit untersucht wird. Die Studien, welche gefunden wurden, sind in Abbildung 3.3 hervorgehoben. Diese sind:

- **Strommen und Frome 1993 [199]** – Bereits 1993 veröffentlichen Strommen und Frome eine Untersuchung über einfache ASR-Experimente für Kinder im Alter von drei Jahren. Spezielle Algorithmen werden dabei nicht beschrieben. Weitere Veröffentlichungen von Strommen beziehen sich nicht auf diese Thematik.

- **Montanari et al. 2004 [148], Yildirim und Narayanan 2009 [219]** – Diese zwei Untersuchungen erforschen nicht unmittelbar das Erkennen von Kindersprache von Vorschulkindern, sind aber sehr nah an der Thematik und somit an dieser Stelle mit aufgeführt. Unter Zuhilfenahme eines Wizard of Oz Szenarios wurde

---

Verlauf dieser Arbeit keine Bedeutung.

3.1 Existierende Studien

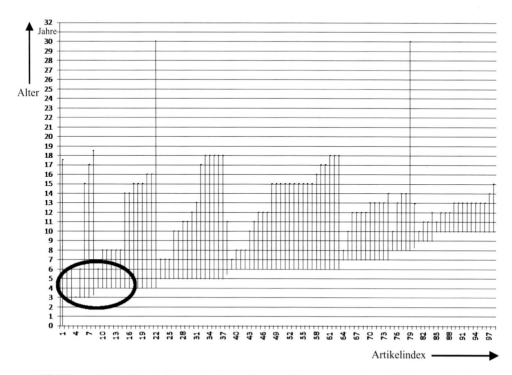

Abbildung 3.3 – Darstellung der betrachteten Altersgruppe in publizierten Arbeiten zur ASR von Kindern.

spontane, dem Computer zugewandte Sprache von Kindern zwischen drei und sechs Jahren aufgezeichnet. Auf diesen Daten wird in [148] das Erstellen von Referenzmarkierungen in Kindersprache untersucht und in [219] das automatische Erkennen von Unterbrechungen des Redeflusses.

- **Cincarek et al. 2007 [38]** – In dieser Veröffentlichung wird die Entwicklung eines Sub-Sprachdialogmoduls für Vorschulkinder innerhalb des japanischsprachigen öffentlich zugänglichen sprachgesteuerten Informationssystems Takemaru-Kun vorgestellt. Das System steht in Nara, Japan und gibt dem Nutzer mithilfe einer animierten Figur Auskunft über das Wetter, Nachrichten, Fahrplaninformation und vieles mehr. Mithilfe des Systems wurden Daten der Benutzer (unter anderem auch Vorschulkinder) aufgezeichnet und für die weitere Entwicklung verwendet. Die Daten sind in der Auflistung existierender Kindersprachdatenbanken in Abschnitt 3.2.2 mit aufgeführt. Um das System an die Erkennung von Vorschulkindern anzupassen, werden Maßnahmen auf verschiedenen Ebenen durchgeführt. Für das Training der akustischen Modelle werden Sprachdaten derselben Altersgruppe verwendet, welche durch spezielle kontextbezogene

Daten von älteren Kindern ergänzt werden (zur Beschreibung des Verfahrens, siehe Abschnitt 3.3.2 Training mit Kindersprache). Das Aussprachewörterbuch wird durch typische Aussprachfehler ergänzt (Abschnitt 3.3.3) und das Sprachmodell ebenfalls auf Grundlage der aufgezeichneten Daten angepasst (Abschnitt 3.3.4). Durch alle Maßnahmen kann die Erkennungsgenauigkeit für Spontansprache von anfänglich 45 % auf ca. 60 % gesteigert werden. Weiterhin wird eine Frage-Antwort-Datenbasis zur Dialogsteuerung verwendet, die ebenfalls für Vorschulkinder angepasst wird (Abschnitt 3.3.5).

- **Elenius und Blomberg 2005 [61]** – Die Untersuchung von Elenius und Blomberg beschäftigt sich mit dem Erkennen von Kindersprache im Alter von vier bis acht Jahren (schwedisch-sprachiger Teil des PF-STAR Korpus). Sie untersuchen die Wirksamkeit von VTLN (Vokaltraktlängennormierung) und Adaptionsmethoden unter Verwendung von Modellen, welche mit Erwachsenen- bzw. Kindersprache trainiert wurden (siehe Abschnitt 3.3.2). Insbesondere untersuchen sie die Verwendung einer linearen VTLN-Methode unter Verwendung von Kindersprachdaten mit höherer Abtastfrequenz als gewöhnlich (Abschnitt 3.4.1). Weiterhin betrachten sie, welche sprachliche Einheit zur akustischen Modellierung für Kindersprache am sinnvollsten ist (Abschnitt 3.3.2). In ihren Experimenten (Zahlenerkennung) erzielen sie die besten Ergebnisse zum Erkennen von Kindersprache bei Training der akustischen Modelle mit Kindersprache (Word Error Rate – WER 7,6 %) und die schlechtesten Ergebnisse bei Training mit Erwachsenensprache (WER 19,3 %). Unter Verwendung von VTLN und Adaptionsmethoden können sie die WER bei Training mit Erwachsenensprache auf 9,5 % senken.

- **Matthes et al. 2010 [141], Claus 2010 [41]** – Bei diesen Arbeiten handelt es sich um Untersuchungen einer Forschergruppe, an welchen der Autor dieser Arbeit beteiligt war. Es werden Experimente zur ASR von Vorschulkindern auf einer kleinen deutschsprachigen Datenbasis von Kindern im Alter zwischen drei und sechs Jahren durchgeführt. Dabei wird eine einfache Kommandoworterkennung durchgeführt und die Auswirkungen von verschiedenen Trainingsdaten betrachtet.

Betrachtet man nicht nur die Studien, welche ASR für Vorschulkinder explizit untersuchen (wie bisher aufgeführt), sondern alle, in welchen Daten verwendet werden, die neben Sprache von älteren Kindern auch Sprache von Vorschulkindern beinhalten, so wurden 36 Arbeiten in der Recherche gefunden. Weiterhin verwenden 19 Studien zur ASR für Kinder deutsche Sprachdaten. In der Schnittmenge von beiden Kriterien liegen die folgenden sechs Arbeiten:

- **Maier et al. 2006 [137], Maier et al. 2008 [138], Bocklet et al. 2010 [26]** – Die Arbeiten untersuchen die Merkmale der Sprache von Kindern mit LKGS sowie deren automatische Erkennung. In den verwendeten Sprachdaten sind unter anderem auch Daten von Vorschulkindern enthalten. ASR speziell von

Vorschulkindern wird aber nicht untersucht.
- **Jokisch et al. 2009 [121], Matthes et al. 2010 [141], Claus 2010 [41]** – Bei den Arbeiten handelt es sich um zwei bereits in diesem Abschnitt aufgeführte Arbeiten an denen der Autor dieser Arbeit beteiligt war sowie eine weitere Veröffentlichung [121]. In dieser Arbeit liegt der Fokus im Wesentlichen auf der Erprobung von robustheitssteigernden Maßnahmen gegen Raumhall in Kombination mit der Erkennung von Kindersprache. ASR von Vorschulkindern ist ebenfalls nicht explizit betrachtet.

3.2 Kindersprachdatenbasen

Die Qualität von Systemen zum Erkennen von Kindersprache hängt nicht zuletzt von der Verfügbarkeit und Qualität entsprechender Sprachdatenbasen ab, da diese zum Training und Test von Spracherkennern benötigt werden. In diesem Abschnitt werden zunächst Schwierigkeiten beim Aufnehmen von Kindersprache aufgezeigt und anschließend existierende Datenbasen aufgelistet, welche im Rahmen der Literaturrecherche gefunden wurden. Darin enthalten sind ebenfalls die Datenbasen, welche für die in Abschnitt 3.1 aufgeführten Untersuchungen verwendet wurden.

3.2.1 Erstellen von Kindersprachdatenbasen

Das Erstellen einer Datenbasis von Kindersprache ist aufwendiger als von Erwachsenensprache und gestaltet sich umso schwieriger, je jünger die Kinder sind. Dies wurde in verschiedenen Arbeiten beobachtet [124, 141]. Je nach Alter der Kinder und den gewünschten Aufnahmen sind verschiedene Aufnahmemethoden möglich:

- **Spontansprache/Dialog** – Eine Methode ist das Aufnehmen von Spontansprache. In [51] wurde dies mithilfe eines Mensch-Maschine-Dialogs umgesetzt und in [46] wurde Sprache von Kindern aufgenommen, die eine Geschichte zusammenfassen sollten. Weitere Dialogformen bzw. Scenarios zur Erzeugung spontaner Sprache sind möglich. Somit ist dieses Verfahren für Sprachaufnahmen von allen Altersgruppen geeignet. Möchte man keine Aufnahmen von Spontansprache, sondern von vorgegebenen Sätzen, Wortgruppen oder Wörtern haben, so kommen die folgenden Methoden in Frage.

- **Gelesene Sprache** – Wie bei Sprachaufnahmen von Erwachsenen, bietet es sich bei Kindern ebenso an, dass sie die gewünschten Äußerungen laut vorlesen. Dies wurde z. B. bei [66, 126, 51] angewendet. Voraussetzung für die Durchführung ist, dass die Kinder alt genug sind, sodass sie bereits lesen können. Diese Schwelle stellt bei den meisten Kindern der Eintritt ins Schulalter mit sechs bzw. sieben Jahren dar. Für Sprachaufnahmen von jüngeren Kindern müssen demzufolge andere Methoden angewendet werden.

- **Nachsprechen von Wörtern** – Eine häufig angewandte Methode, welche auch für Sprachaufnahmen von jüngeren Kindern geeignet ist, ist, dass ein Erwachsener das Wort vorspricht und das Kind das Wort wiederholt [19]. Diese Methode führt jedoch dazu, dass das Kind nicht nur das Wort wiederholt, sondern auch, dass es die Betonung des Erwachsenensprechers nachahmt, was je nach Absicht Vor- bzw. Nachteile haben kann.

- **Bilderbenenntest** – Die Durchführung eines Bilderbenenntests ist eine weitere Methode, welche für Sprachaufnahmen von jungen Kindern geeignet ist. Grundlage für die Wahl der Bilder ist häufig der PLAKSS Test (psycholinguistische Analyse kindlicher Sprechstörungen) [76]. Dieser Test dient der Diagnostik von Aussprachestörungen für Kinder ab zweieinhalb Jahren und kommt bei Logopäden und Sprachtherapeuten zum Einsatz. Er besteht aus 99 Bildkarten, welche dem Wortschatz kleiner Kinder entsprechen. Die Wörter sind so gewählt, dass alle Laute und wesentlichen Lautverbindungen des Deutschen an allen Wortpositionen enthalten sind. Ein solches Verfahren wurde z. B. in [124] verwendet.

Für die konkrete Durchführung der Aufnahmen bieten sich wiederum verschiedene Möglichkeiten. Kasuriya und Edwards untersuchen in [122], wie dies am besten praktiziert werden kann. Für ihre Studien verwenden Sie einen Bilderbenenntest, der 98 verschiedene (kurze) Wörter umfasst und geübt wird, bevor die Sprachaufnahmen durchgeführt werden. Jedes Wort wird einzeln aufgenommen. Verglichen werden drei verschiedene Varianten: 1. Aufnehmen, indem das Kind einen Knopf drückt, der während der Aufnahme gedrückt bleiben muss, 2. Aufnehmen einer vorgegebenen Zeit (1,9 Sekunden) ab Knopfdruck und 3. die gleiche Methode wie bei 2., mit dem Unterschied, dass zusätzlich ein Statusbalken den Ablauf der Zeit anzeigt. Ergebnis des Tests ist, dass die wenigsten Fehler (Wegschneiden von Anfang oder Ende des Wortes) beim Aufnehmen nach Methode 3 gemacht werden. Subjektiv am angenehmsten finden die Kinder allerdings Methode 2. Mit Abstand die meisten Fehler werden bei Sprachaufnahmen nach Methode 1 gemacht. Die Aussagefähigkeit der Untersuchung ist jedoch in Frage zu stellen, da für die Untersuchung eine sehr kleine Zahl an Testsprechern verwendet wurde (fünf Mädchen zwischen fünf und acht Jahren). Eine andere Methode, welche es ausschließt, Anfang oder Ende der Aufnahmen versehentlich abzuschneiden, ist die durchgängige Aufnahme während einer Aufnahmesitzung. In diesem Fall müssen die Daten im Nachhinein voll- oder halbautomatisch bzw. händisch geschnitten werden. Dadurch ist zwar der Nachbereitungsaufwand etwas höher als bei den Methoden von Kasuriya und Edwards, jedoch können dadurch unvollständige Aufnahmen vermieden werden. Welche Methode letztendlich angewendet wird, hängt vom konkreten Anwendungsfall und der Anzahl der durchzuführenden Sprachaufnahmen ab.

Neben den unterschiedlichen Methoden zur Durchführung der Sprachaufnahmen von unterschiedlichen Altersgruppen fällt auf, dass die Zeitspanne, die sich Kinder konzentrieren können, stark vom Alter abhängig ist. Bei der Durchführung eigener Aufnahmen wurde festgestellt, dass diese Zeitspanne bei Kindern zwischen drei und sechs Jahren häufig nur fünf bis zehn Minuten beträgt, wodurch von Kindern dieser Altersgruppe viel weniger Daten aufgenommen werden können, als von älteren Kindern oder Erwachsenen [141].

Weiterhin ist die Qualität von aufgenommenen Daten bei sehr jungen Sprechern geringer als bei älteren. Gründe dafür sind eine hohe Variabilität zwischen verschiedenen Sprechern und zwischen verschiedenen Aufnahmeszenarien desselben Sprechers. Einige Kinder sprechen undeutlich, die Sprechgeschwindigkeit variiert stärker und die Lautstärke sowie der Betonungsverlauf sind ebenfalls größeren Schwankungen unterworfen, als dies bei älteren Sprechern der Fall ist. Hinzu kommt, dass die Aufnahmebedingungen oftmals unterschiedlich für verschiedene Kinder sind, was daran liegt, dass Aufnahmen von sehr jungen Kindern häufig bei den Kindern zu Hause in ihrer gewohnten Umgebung durchgeführt werden, damit diese sich wohl fühlen und nicht zu schüchtern sind, um klar und deutlich zu sprechen.

Weitere Betrachtungen zum Erstellen von Kindersprachdatenbasen sind in [67] gegeben.

3.2.2 Datenbasen von Kindern im Schulalter

Im Folgenden sind die am häufigsten verwendeten Datenbasen von Kindern im Schulalter (6 bis 18 Jahre) aufgezählt. In manchen dieser Datenbasen ist in geringem Umfang auch Sprache von Kindern im Vorschulalter enthalten. Da diese jedoch nur einen sehr kleinen Teil ausmacht, sind diese Datenbasen dennoch in diesem Abschnitt mit aufgelistet. Explizit betrachtet werden Daten von Kindern im Vorschulalter im darauf folgenden Abschnitt. Manche Datenbasen beinhalten sowohl Sprache von Erwachsenen als auch von Kindern. In diesen Datenbasen werden Sprachdaten von Kindern ab 14 bzw. 15 Jahren meist dem Teilkorpus von Erwachsenensprachdaten zugeordnet. Da in diesem Abschnitt nur Kindersprachdaten betrachtet werden, steht als Altersangabe bei diesen Datenbasen nur bis 14, bzw. 15 Jahren, wenngleich auch Daten von älteren Sprechern im Gesamtkorpus enthalten sind.

Englischsprachige Korpora

- CID children's speech Korpus (amerikanisches Englisch, Aufnahmen gelesener Sprache, 436 Kinder im Alter von 5 bis 17 Jahren) [126],
- CMU Kid's speech Korpus (amerikanisches Englisch, Aufnahmen gelesener Sprache, 76 Kinder im Alter von 6 bis 11 Jahren) [66],
- CU Kid's Prompted and Read Speech Korpus (amerikanisches Englisch, Aufnahmen gelesener Sprache, 663 Kinder im Alter von 4 bis 11 Jahren) [45],
- CU Kid's Read and Summarized Story Korpus (amerikanisches Englisch, Spon-

tansprache, 326 Kinder im Alter von 6 bis 11 Jahren) [46],

- OGI Kid's speech Korpus (Englisch, Aufnahmen gelesener Sprache, 1100 Kinder im Alter von 5 bis 15 Jahren) [190],
- ChIMP Korpus (amerikanisches Englisch, Spontansprache, 160 Kinder im Alter von 8 bis 14 Jahren) [169],
- Tball Korpus (Englisch von Kindern mit spanischer Muttersprache, 256 Kinder im Alter von 5 bis 8 Jahren) [124],
- TIDIGITS Korpus (Englisch, 101 Kinder im Alter von 6 bis 15 Jahren) [127],
- PSR Korpus (Englisch, Aufnahmen des Primary Reading School Vokabulars (1000 Wörter) von 5 Kindern im Alter von 5 bis 7 Jahren) [182],
- YOUTH Korpus (Englisch, 135 Kinder im Alter von 8 bis 10 Jahren, Teil des PF-STAR Korpus) [101] und
- BIRMINGHAM Korpus (britisches Englisch, 159 Kinder im Alter von 4 bis 14 Jahren, Teil des PF-STAR Korpus) [101].

Im Zusammenhang mit Spracherkennung von Kindersprache werden die Publikationen von Narayanan und Potamianos häufig zitiert [154, 170]. Für ihre Untersuchungen nutzten sie die folgenden Daten, welche über das öffentliche Telefonnetz aufgenommen wurden:

- DgtII (Englisch, aus Zahlen bestehend, 1234 Kinder im Alter von 10 bis 17 Jahren),
- DgtIII (Englisch, aus Zahlen bestehend, 501 Kinder im Alter von 6 bis 17 Jahren),
- SubwII (Englisch, aus Phrasen bestehend, 1234 Kinder im Alter von 10 bis 17 Jahren),
- CommI (Englisch, aus Kommandos bestehend, 501 Kinder im Alter von 6 bis 17 Jahren) und
- CommII (Englisch, aus Kommandos bestehend, 1234 Kinder im Alter von 10 bis 17 Jahren).

Deutschsprachige Korpora

In der Dissertation von Maier wird die automatische Bewertung der Sprache von Kindern mit Lippen-Kiefer-Gaumenspalte untersucht [139]. Zur Durchführung seiner Untersuchungen verwendet er Daten von Kindern mit LKGS und als Kontrollgruppe Daten von Kindern ohne Fehlbildung oder andere Auffälligkeiten. Die Daten der Kinder mit LKGS sind:

- Sprachdaten, aufgenommen in der MKG-Klinik (Mund-, Kiefer- und Gesichtschirurgie) des Universitätsklinikums von Erlangen (Deutsch, 312 Kinder im Alter von 4 bis 14 Jahren).

Die Daten der Kontrollgruppe sind:

- Sprachdaten, aufgenommen in verschiedenen Schulen in Erlangen, Nürnberg, Hannover, Karlsruhe und Leipzig (Deutsch, 726 Kinder im Alter von 5 bis 15 Jahren, Teile dieser Daten sind auch im deutschsprachigen Teil des PF-STAR Korpus enthalten).

Weitere Sprachdaten sind:

- Nordwind und Sonne/ Züricher Lesetest Korpus (Deutsch, gelesene Sprache, 62 Kinder im Alter von 10 bis 12 Jahren) [196],
- Deutsche Telekom telephone speech Korpus (Deutsch, veranlasste und freie Sprache, aufgebaut wie Speech Dat Korpus, 106 Kinder im Alter von 7 bis 14 Jahren) [29],
- VoiceClass Database (Deutsche Telekom Laboratories) (Deutsch, freie Sprache, 170 Kinder im Alter von 7 bis 14 Jahren) [29] und
- FAU-AIBO Korpus (Britisches Englisch und Deutsch, Spontansprache und Sprache mit emotionaler Sprechweise, 81 Kinder im Alter von 4 bis 14 Jahren, Teil des PF-STAR Korpus) [10].

Korpora in weiteren Sprachen

- PF-STAR Korpus (mehrsprachig, beinhaltet Englisch, Deutsch, Schwedisch und Italienisch, gelesene und Spontansprache, 491 Kinder im Alter von 4 bis 15 Jahren, beinhaltet spontan- und emotionssprachigen FAU-AIBO Korpus) [10],
- SpeeCon Korpus (mehrsprachig, beinhaltet Spanisch, Russisch, Italienisch, Schwedisch, Deutsch, Britisches Englisch, Dänisch, Flämisch, Hebräisch, Französisch, Finnisch, Mandarin aus China, Niederländisch, Japanisch, Polnisch, Portugiesisch, Schweizerdeutsch, Amerikanisches Englisch, Amerikanisches Spanisch und Mandarin aus Taiwan, 1000 Kinder (50 pro Sprache) im Alter von 8 bis 15 Jahren, die Datenbasis besteht aus Sprachdaten von Erwachsenen und Kindern, hier nur Kinderteil) [117],
- ChildIt Korpus (Italienisch, 171 Kinder im Alter von 7 bis 13 Jahren) [83],
- Tgr-child Korpus (Italienisch, 30 Kinder im Alter von 8 bis 12 Jahren) [83],
- SponIt Korpus (Italienisch, 21 Kinder im Alter von 8 bis 12 Jahren) [83],
- NICE Korpus (Schwedisch, 75 Kinder im Alter von 8 bis 15 Jahren) [13],
- PIXIE Korpus (Schwedisch, 2885 Sprecher, darunter viele Kinder, Alter der Sprecher nicht dokumentiert, die Daten wurden in einer Testphase des öffentlich zugänglichen Sprachdialogsystems PIXIE aufgenommen) [12],

- Rafael.0 telephone speech database (Dänisch, 306 Kinder im Alter von 8 bis 18 Jahren, wurde für die oft zitierte Studie zur Kinderspracherkennung von Wilpon und Jacobsen verwendet [216]) [179],

- CHOREC Korpus (Niederländisch, Aufnahmen gelesener Sprache, 400 Kinder im Alter von 6 bis 12 Jahren) [43],

- JASMIN-CGN Korpus (Niederländisch, Aufnahmen gelesener Sprache und Spontansprache von muttersprachlichen und nicht-muttersprachlichen Kindern im Alter von 7 bis 16 Jahren) [51],

- SPECO Korpus (Ungarisch, Aufnahmen gelesener Sprache, 72 Kinder im Alter von 5 bis 10 Jahren) [50] und

- Takemaru-Kun Korpus (Japanisch, Spontansprache, 17392 Kinder, die meisten Kinder sind aus der Unterstufe, auch Daten von Vorschulkindern enthalten, genaues Alter der Kinder ist nicht dokumentiert, Daten wurden während der Benutzung des öffentlich zugänglichen sprachgesteuerten Informationssystems Takemaru-Kun aufgezeichnet) [38].

Zusätzlich zu den Korpora, welche in diesem Abschnitt aufgeführt sind, wurden bei der Literaturrecherche weitere Kindersprachdatenbasen gefunden, die allerdings in den jeweiligen Veröffentlichungen nicht genauer beschrieben wurden. Dabei handelt es sich in den meisten Fällen um Daten, welche bei der Benutzung von Programmen zum Lesen lernen aufgezeichnet wurden oder um kleine universitätseigene Sprachdatenbasen.

3.2.3 Datenbasen von Kindern im Vorschulalter

Sprachdatenbasen von Kindern im Vorschulalter wurden bisher hauptsächlich für Untersuchungen zum Spracherwerb aufgenommen. Die meisten dieser Aufnahmen wurden im Rahmen des CHILDES Projektes (Child Language Data Exchange System) von der Carnegie Mellon Universität durchgeführt [136]. Dieses Projekt ist Teil des TalkBank Systems, welches der Untersuchung der Sprachentwicklung bei Kindern sowie zur Untersuchung von Gesprächsinteraktionen zwischen Kindern und Erwachsenen dient. Zu diesem Zweck wurden viele Sprachaufnahmen von Kindern angefertigt und in regelmäßigen Abständen (häufig vier oder sechs Wochen) über einen gewissen Zeitraum (meist eineinhalb bis vier Jahre oder auch älter) wiederholt. CHILDES umfasst Daten von über 100 Korpora verschiedener Sprachen. Leider sind von den meisten dieser Aufnahmen nur die Transkriptionen ohne Audio-Daten öffentlich zugänglich, wodurch an dieser Stelle nicht eingeschätzt werden kann, wie gut die darin enthaltenen Daten für die Verwendung in ASR-Systemen geeignet sind. Ein Korpus aus CHILDES, zu welchem genauere Informationen vorliegen, ist das mehrsprachige PHON Korpus, welches erstellt wurde, um die phonologische Entwicklung bei Kindern zu untersuchen. In [151] sind deutsche Aufnahmen beschrieben, die zu PHON hinzugefügt wurden. Die Aufnahmen umfassen Daten von zehn Kindern, von denen die Entwicklung verfolgt wurde und Sprachdaten in jeweils unterschiedlichem Alter aufgenommen wurden. Sechs dieser Kinder wurden vom fünften bis zum 36. Monat aufgenommen und vier vom 36. Monat bis zum achten Lebensjahr. Die bisher umfangreichsten Aufnahmen zur Sprachentwicklung von Kindern im Deutschen wurden im Rahmen der Oldenburg Korpora angefertigt [201]. Weitere Sprachdaten von jungen Kindern wurden im Rahmen des SpeechHome Projektes [195] bzw. mittels des Gerätes LENA [172] aufgenommen. Diese Daten dienen ebenfalls Untersuchungen zur Beobachtung der Sprachentwicklung von Kindern und sind nicht öffentlich zugänglich. Dem Autor ist keine Veröffentlichung bekannt, in welcher Daten aus den hier aufgeführten Aufnahmen für ASR-Untersuchungen verwendet wurden. Somit kann an dieser Stelle nicht eingeschätzt werden, inwieweit die Aufnahmen dafür geeignet sind.

Ähnlich wie bei Sprachdaten von älteren Kindern existieren auch von Kindern im Vorschulalter weitere universitätseigene Korpora, die allerdings in der verfügbaren Literatur nicht ausreichend dokumentiert sind.

3.3 Erkennen von Kindersprache – Überblick und Ergebnisse

Nachdem in den beiden vorangegangenen Abschnitten bereits dargestellt wurde, wie viele Arbeiten sich bisher mit dem Erkennen von Kindersprache befasst haben und welche Datenbasen in den Studien verwendet werden, wird in diesem Abschnitt betrachtet, welche Verfahren dabei angewendet und welche Ergebnisse damit erzielt werden.

Wie bereits in Abschnitt 1.3 erwähnt wurde, führt die automatische Spracherkennung von Sprechern, die vom Durchschnitt der Trainingsdaten abweichen, meist zu schlechten Erkennungsergebnissen. Da Spracherkenner häufig mit Erwachsenensprache trainiert sind, werden in diesem Fall Kinder schlechter erkannt als Erwachsene, wobei die Ergebnisse mit sinkendem Alter der Kinder umso schlechter ausfallen. Dies wird in zahlreichen Studien bestätigt [216, 168, 154, 102, 61]. Aber auch wenn der Spracherkenner mit Kindersprache trainiert wurde, reicht die Erkennungsgenauigkeit häufig nicht an die Ergebnisse heran, welche beim Erkennen von Erwachsenensprache erzielt werden können. In [53] wird die Spracherkennungsleistung von Menschen und Computern verglichen und festgestellt, dass es Menschen ebenfalls schwerer fällt, die Sprache von Kindern zu verstehen und dass diese Tendenz mit sinkendem Alter der Kinder zunimmt. Dies lässt vermuten, dass die schlechten Ergebnisse im Erkennen von Kindersprache nicht nur aufgrund unangepasster Technologie entstehen, sondern, dass Kindersprache allgemein schwieriger zu erkennen ist. In [61] stellt Elenius fest, dass die Spracherkennungsleistung insbesondere für Kinder, die jünger sind als fünf oder sechs Jahre abfällt. Jedoch ist die Erkennungsleistung nicht bei allen Kindern schlecht. In [128] stellen Li und Russel fest, dass Kinder (fünf bis sieben Jahre, PSR-Korpus), welche eingeschätzt wurden, eine gute Aussprache zu haben, bei Training mit

Kindersprache genauso gut erkannt werden wie Erwachsene bei Training mit Erwachsenensprache. Demzufolge ist anzunehmen, dass die schlechten Resultate beim Erkennen von Kindersprache nicht davon kommen, dass alle Kinder grundsätzlich schlecht erkannt werden können, sondern vielmehr davon, dass die Sprache verschiedener Kinder sich stark unterscheiden kann. Der Arbeit von Potamianos et al. zufolge erreicht die Qualität zum Erkennen von Kindersprache ab einem Alter von 14 Jahren im Allgemeinen die Qualität wie bei der Erkennung von Erwachsenensprache [168]. Dies bestätigt die Untersuchungen zu den akustischen Eigenschaften der Kindersprache von Lee et al., die in Bezug auf Mittelwert und Standardabweichung der verwendeten Merkmale ab diesem Alter ebenfalls Werte von Erwachsenen erreichen [125].

Weiterhin wird ersichtlich, dass je nach Art der Erkennungsaufgabe (Einzelworterkennung, gelesene Sprache, fließende Spontansprache, usw.) verschiedene der in Kapitel 2 beschriebenen Unterschiede zwischen Erwachsenen- und Kindersprache Einfluss auf die verschiedenen Ebenen der Spracherkennung nehmen. Nachfolgend wird ein Überblick über Methoden auf allen Ebenen zur Verbesserung der Spracherkennungsleistung von Kindersprache gegeben.

3.3.1 Merkmalanalyse

Bandbreite der Sprachdaten

In [183] untersuchen Russel et al. den Einfluss einer Bandbreitenreduzierung auf das Erkennen von Kindersprache durch den Computer und durch den Menschen. Zu diesem Zweck führen sie zwei verschiedene Versuchsreihen durch.

In der ersten untersuchen sie die Unterschiede zwischen dem Erkennen von Kindersprache (fünf bis sieben Jahre) und dem Erkennen von Erwachsenensprache (19 bis 34 Jahre). Dazu verwenden sie Sprachdaten (Abtastfrequenz Erwachsene 16 kHz, Kinder 20 kHz), von welchen sie die Bandbreite von 8 kHz bis zu einer Bandbreite von 1 kHz reduzieren. Verwendet werden akustische Modelle bei angepasster Bedingung (gleiches Alter der Test- und Trainingssprecher). Bei 8 kHz erzielen Erwachsene und Kinder mit guter Aussprache dieselben Ergebnisse von einer WER von 20 % und Kinder mit schlechter Aussprache erreichen eine WER von 40 %. Eine Reduzierung der Bandbreite hat den größten Einfluss auf die Kindersprachdaten mit guter Aussprache. Mit fallender Bandbreite gleichen sich diese den Ergebnissen der Kinder mit schlechter Aussprache immer weiter an und erreichen bei 1 kHz die gleichen Werte von WER = 85 %, wohingegen die WER für Erwachsene 68 % beträgt.

In der zweiten Versuchsreihe untersuchen Russel et al. den Vergleich zwischen der Erkennungsleistung von Computern und Menschen. Zu diesem Zweck verwenden sie Sprachdaten von Kindern im Alter von sechs bis elf Jahren (Abtastfrequenz 22,05 kHz). Von diesen reduzieren sie die Bandbreite im Bereich von 11 kHz bis 3 kHz und betrachten die Ergebnisse für verschiedene Altersgruppen. Die Erkennungsaufgabe ist als relativ schwer einzuschätzen, da durchgängig hohe WER erzielt werden. Dabei ist zu beobachten, dass die Ergebnisse, welche durch den Computer und den Menschen erzielt werden, in etwa denselben Verlauf aufweisen, mit dem Unterschied höherer Erkennungsraten durch den Menschen. Die Ergebnisse sind umso besser, je älter die Kinder sind. Die Reduzierung der Bandbreite im Bereich von 11 kHz auf 8 kHz führt bei den sechs- bis siebenjährigen Kindern bereits zu einer Erhöhung der WER von 77 % auf 82 % durch den Computer und von 5 % auf 7 % durch den Menschen. Die WER für das Erkennen der Sprache älterer Kinder steigt bei dem Computer erst für die Reduzierung von 6 kHz auf 4 kHz merklich an (zehn- bis elfjährige Kinder: WER von 71 % auf 77 %) und bei dem Menschen bei einer Reduzierung von 8 kHz auf 6 kHz (zehn- bis elfjährige Kinder: WER von 2 % auf 4%). Bei einer Bandbreite von 3 kHz liegen die Ergebnisse je nach Altersgruppe zwischen 87 % und 96 % bei dem Computer und zwischen 9 % und 16 % bei dem Menschen.

Merkmalextraktionsverfahren und Einfluss der Grundfrequenz

Spracherkennungssysteme sollen nach Möglichkeit sprecherunabhängig sein. Um diese Forderung zu erfüllen, sollen sprecherabhängige Merkmale wie z. B. die Grundfrequenz nach Möglichkeit keinen Einfluss auf die ASR haben. In verschiedenen Studien wurde nachgewiesen, dass die oftmals in der Spracherkennung verwendeten MFCC (Mel Frequency Cepstral Coefficients) Merkmale, insbesondere bei einer hohen Grundfrequenz, Abhängigkeiten von dieser aufweisen [189, 188, 88].

Die Arbeiten von Ghai und Sinha untersuchen somit den Einfluss der höheren Grundfrequenz im Sprachsignal von Kindersprache auf verschiedene Merkmalextraktionsverfahren und die daraus resultierende ASR-Performance [85, 193, 86, 87, 88].

In einer ersten Betrachtung verwenden sie Sprache von Erwachsenen und teilen diese in zwei Gruppen ein: Sprache mit niedriger Grundfrequenz (100 bis 125 Hz) und Sprache mit hoher Grundfrequenz (200 bis 250 Hz). In [193] zeigen sie am Beispiel verschiedener Vokale, wie die Varianz der MFCC-Merkmale bei der Sprechergruppe mit hoher Grundfrequenz deutlich größer ausfällt als bei der Sprechergruppe mit niedriger Grundfrequenz, obwohl die Mittelwerte der Merkmalvektorelemente bei beiden Gruppen ähnlich waren. In [88] vergleichen sie die aus [193] erzielten Ergebnisse am Beispiel des Vokals /iy/ für zwei weitere Merkmalextraktionsverfahren, LPCC (Linear Prediction Cepstral Coefficients) und PLPC (Perceptual Linear Prediction Coefficients) Merkmale und stellen fest, dass PLPC-Merkmale eine geringere Abhängigkeit von der Grundfrequenz aufweisen als MFCC-Merkmale und dass in LPCC-Merkmalen nahezu gar keine Abhängigkeit von der Grundfrequenz nachzuweisen ist. Mithilfe der PSTS-Methode (Pitch Synchronous Time Scaling) modifizieren sie die Daten der Sprechergruppe mit hoher Grundfrequenz zu einem Grundfrequenzbereich von 140 bis 175 Hz und stellen für diese Daten ebenfalls die Mittelwerte und die Varianz bei allen drei Merkmalen dar. Als Ergebnis ist zu sehen, dass sich die Werte ähnlich wie die Daten mit der im Original niedrigen Grundfrequenz verhalten und bei allen drei Merkmalen nahezu keine Abhängigkeit von der Grundfrequenz zu erkennen ist.

In einem darauf folgenden Experiment untersuchen sie die Erkennungsleistung zum Erkennen von Kindersprache für die eben beschriebenen drei verschiedenen Merkmale. Dazu trainieren sie einen Spracherkenner mit Erwachsenensprachdaten von Männern und Frauen, die in einem Grundfrequenzbereich von 70 bis 250 Hz liegt. Als Testdaten verwenden sie Sprache von Erwachsenen mit einer Grundfrequenz zwischen 80 und 260 Hz und von Kindern zwischen 6 und 15 Jahren mit einer Grundfrequenz von 100 bis 360 Hz (TIDIGITS Datenbasis). Alle Sprachdaten werden auf 8 kHz herunter abgetastet. Für das Erkennen von Ziffern ergeben sich dabei die folgenden Ergebnisse: Die WER für die Erwachsenen beträgt 1,02 % für LPCC-Merkmale, 0,47 % für PLPC-Merkmale und 0,43 % für MFCC-Merkmale. Die Kinderdaten werden weiter den folgenden Gruppen von Grundfrequenzbereichen zugeordnet: $F_0 < 250$ Hz, $F_0 = 250 - 300$ Hz, $F_0 > 300$ Hz. Diese Daten werden zur Erkennung jeweils in ihrer originalen Form sowie in einer Form mit modifizierter Grundfrequenz nach dem PSTS-Verfahren verwendet. Bei allen drei Merkmalen werden umso schlechtere Ergebnisse erzielt, je höher die Grundfrequenz der Testdaten ist. Auf den originalen Daten erzielen die LPCC-Merkmale Werte für die WER zwischen 16 % und 46 %, die PLPC-Merkmale erreichen Werte zwischen 6,7 % und 33 % und die MFCC-Merkmale erzielen Werte zwischen 6,5 % und 39 %. Die Erkennung auf den modifizierten Daten bestätigt die Ergebnisse aus der ersten Betrachtung zur Varianz. Demnach verbessern sich die Erkennungsergebnisse unter Verwendung der LPCC-Merkmale nicht, wohingegen sich bei den PLPC-Merkmalen eine leichte Verbesserung und bei den MFCC-Merkmalen eine deutliche Verbesserung ergibt. Die Erkennungsergebnisse liegen für die verschiedenen Grundfrequenzbereiche der Originaldaten bei den PLPC-Merkmalen zwischen 6,4 % und 30,6 % und bei den MFCC-Merkmalen zwischen 6,0 % und 30,1 %.

Als Resultat der Studie bleibt festzuhalten, dass MFCC-Merkmale eine höhere Abhängigkeit von der Grundfrequenz aufweisen als LPCC- und PLPC-Merkmale. Die Erkennungsergebnisse, die erzielt werden, sind in der Untersuchung bei LPCC-Merkmalen deutlich schlechter als bei PLPC- und MFCC-Merkmalen. Bei einer hohen Grundfrequenz werden ohne Normierung durch Verwendung der PLPC-Merkmale die besten Ergebnisse erzielt. Für Grundfrequenzen unterhalb 250 Hz sowie nach einer vorherigen Normierung der Grundfrequenz ergeben sich die besten Erkennungsergebnisse unter Verwendung von MFCC-Merkmalen.

Nach Sicht des Autors dieser Arbeit sind bei der Interpretation der Ergebnisse zusätzlich die folgenden Überlegungen zu berücksichtigen. Die Zuordnung der Testdaten zu verschiedenen Grundfrequenzbereichen führt wahrscheinlich zu einem gewissen Grad zu einer Alterseinteilung der Testdaten und somit zu höheren Formantfrequenzen in der Gruppe mit hoher Grundfrequenz. Da in den Versuchen der Spracherkenner mit Erwachsenensprache trainiert wurde und in den Artikeln nichts von einer Anpassung an die Kinderdaten steht, sind die schlechteren Erkennungsergebnisse auf den Daten der Kinder mit hoher Grundfrequenz sehr wahrscheinlich der Abweichung in der Lage der Formantfrequenzen zuzuschreiben. Unter Berücksichtigung der Ergebnisse aus [183] ergibt sich zusätzlich die Vermutung, dass sich die reduzierte Bandbreite der Sprachdaten ebenfalls nachteilig auf die eben beschriebene Sprechergruppe auswirkt. Somit sind weitere Untersuchungen zu dieser Thematik nötig. Insbesondere der Einfluss einer Grundfrequenznormierung unter Verwendung von Sprachdaten größerer Bandbreite und einem akustischen Modell, welches durch Adaptions- oder Normierungsverfahren an die Testsprechergruppe angepasst ist, ist zu betrachten.

3.3.2 Akustisches Modell

Die meisten der Untersuchungen zum Erkennen von Kindersprache betreffen die akustische Modellierung. Wie bereits dargestellt, sind die besten Erkennungsergebnisse zu erwarten, wenn Trainings- und Testdaten des Spracherkenners aneinander angepasst sind. Das bedeutet, dass die Daten möglichst unter ähnlichen Bedingungen von ähnlichen Sprechern produziert worden sind. Welche Einflussfaktoren dabei wirken, wurde bereits in Abschnitt 1.2 und 1.3 dargestellt. Dieser Abschnitt behandelt das Erzeugen eines akustischen Modells zur Optimierung der Spracherkennungsleistung von Kindersprache.

Einheit zur akustischen Modellierung

In [61] wird unter anderem untersucht, welche Einheit am besten durch die HMMs modelliert werden soll. Verglichen wird die Erkennungsgenauigkeit unter Verwendung von Wort-HMMs mit der Erkennungsgenauigkeit unter Verwendung von Triphone-HMMs auf dem schwedisch-sprachigen Teil des PF-STAR Korpus (Kinder im Alter von vier bis acht Jahren). Im Ergebnis war die WER bei Triphonen geringfügig niedriger, obwohl bei beiden Varianten dieselbe Anzahl an Zuständen pro Wort verwendet wurde. Nach Ansicht des Autors dieser Arbeit sind jedoch weitere Details des Spracherkenners zu berücksichtigen, um diese Ergebnisse bewerten zu können.

Training mit Kindersprache

Wenn genügend Kindersprachdaten zum Training des Spracherkenners zur Verfügung stehen, ist es sinnvoll, ihn damit zu trainieren. Dies wurde in zahlreichen Arbeiten bereits durchgeführt. Eine der ersten Veröffentlichungen zum Erkennen von Kindersprache ist die Studie von Wilpon und Jacobsen [216]. Diese wird in vielen Arbeiten zitiert und oft als eine der Schlüsselstudien zum Erkennen von Kindersprache bezeichnet. In ihrer Studie versuchen sie, Sprache verschiedener Altersgruppen (Kinder ab acht Jahren bis Senioren von über 80 Jahren, Rafael.0 telephone speech database) zu erkennen. Dazu teilen sie ihre Daten in fünf Altersgruppen, erstellen von jeder Altersgruppe ein eigenes akustisches Modell und führen danach Erkennungsexperimente in allen denkbaren Kombinationen durch. Sie stellen fest, dass die Erkennungsgenauigkeit immer dann am höchsten ist, wenn Trainings- und Testdaten derselben Altersgruppe angehören. Des Weiteren ist in ihrer Studie die Erkennungsgenauigkeit bei Kindersprache geringer als bei Erwachsenensprache, auch wenn das akustische Modell aus Kindersprachdaten erstellt wurde. In ihrer Studie verwenden sie LPC-basierte (Linear Predictive Coding) cepstrale Merkmale und erzielen im angepassten Fall für eine einfache Ziffernerkennung eine WER von 1,9 % für Erwachsene zwischen 35 und 59 Jahren und eine WER von 4,7 % für Kinder zwischen 8 und 12 Jahren. Weitere Arbeiten bestätigen die Ergebnisse der Studie von Wilpon und Jacobsen [102, 61].

Die Weiterführung des Gedankens von angepassten Test- und Trainingsdaten führt zur Erstellung altersabhängiger akustischer Modelle für verschiedene Altersgruppen von Kindern. Dies wird unter anderem in [102, 52] durchgeführt, wobei die Trends zur Altersabhängigkeit auch bei dieser differenzierteren Einteilung der Daten nachzuweisen sind. Da jedoch meist nicht genügend Kindersprachdaten zum Training jeder Altersgruppe von Kindern verfügbar sind, wird häufig nur ein akustisches Modell von Kindersprache im Allgemeinen erstellt.

In [38] werden für das japanisch-sprachige sprachgesteuerte Informationssystem Takemaru-Kun ebenfalls akustische Modelle für verschiedene Altersgruppen von Kindern erstellt. Zum Erkennen der Sprache von Vorschulkindern (spontane Sprache) erzielt erwartungsgemäß das Modell der Vorschulkinder die höchste Erkennungsgenauigkeit (Accuracy 49 %). Diese verschlechtert sich, wenn das Modell zusätzlich mit Daten von älteren Kindern trainiert wird (Accuracy 45 %). Eine Verbesserung (Accuracy 50 %) kann hingegen erzielt werden, wenn als Grundlage für das Training eine standardisierte Transkribierung verwendet wird (im Gegensatz zur ursprünglichen Variante, wo Falschaussprachen des Kindes so transkribiert wurden, wie gesprochen wurde). Diese Beobachtung ist nachvollziehbar, wenn man berücksichtigt, dass bei der Erkennung ebenfalls die standardisierte Aussprachevariante verwendet wurde. Unter Verwendung der standardisierten Transkribierung zum Training, kann die Erkennungsgenauigkeit weiter auf eine Accuracy von 52 % gesteigert werden, wenn nur ausgewählte Daten von älteren Kindern den Trainingsdaten der Vorschulkinder hinzugefügt werden. Bei diesem Verfahren wird mit einem Training der vollständigen Menge an Kinderdaten begonnen und mithilfe eines ML-Verfahrens (Maximum Likelihood – größte Wahrscheinlichkeit) nacheinander getestet, ob das Weglassen einzelner Äußerungen zu einer Erhöhung der Erkennungsrate auf einem anderen Testset von Vorschulkindersprachdaten führt. Am Ende des Verfahrens bleibt ein akustisches Modell von Vorschulkindersprache übrig, welches nur mit ausgewählten äußerungsspezifischen Daten von älteren Kindern angereichert ist. Das Verfahren ist in [36, 37] im Detail beschrieben.

Ein Beispiel für ein automatisches System zum Lesen lernen, welches vollständig mit Kindersprache trainiert wurde, ist in [129] beschrieben. Zu diesem Zweck wurde der Spracherkenner mit vier englischsprachigen Kindersprachdatenbasen trainiert: CU

3.3 Erkennen von Kindersprache – Überblick und Ergebnisse   55

Kid's Prompted and Read Speech Korpus, CU Kid's Read and Summarized Story Korpus, OGI Kid's speech Korpus und dem CMU Kid's speech Korpus (siehe Abschnitt 3.2.2). Das System wurde später auf zwei tragbare Geräte portiert [130] und auf einer Teilmenge des Kid's Read and Summarized Story Korpus getestet, welche von den Trainingsdaten ausgeschlossen wurde. Auf diesem Testset wird eine WER von 11,45 % erzielt.

Training mit Erwachsenensprache und VTLN

Häufig stehen nicht genügend Kindersprachdaten zum Training des akustischen Modells zur Verfügung. In diesem Fall wird versucht, ein Modell, welches mit Erwachsenensprache trainiert wird, so gut wie möglich an Kindersprache anzugleichen. Eine Methode, die verwendet werden kann, wenn gar keine Kindersprachdaten während des Trainings verfügbar sind, ist die Vokaltraktlängennormierung. Das generelle Prinzip ist, die Sprachdaten so zu verzerren, dass die Lage der Formantfrequenzen zwischen Kindersprache und Erwachsenensprache einander angeglichen wird. Eine detaillierte Beschreibung der angewandten Methoden und erzielten Ergebnisse wird in Abschnitt 3.4 gegeben und deshalb an dieser Stelle ausgespart.

Anwendung von Adaptionsmethoden

Eine weitere Möglichkeit zum Erstellen eines akustischen Modells für die Kindersprachererkennung ist das Training mit Erwachsenensprache in Kombination mit der Anwendung von Adaptionstechniken. In verfügbarer Literatur wurden sehr viele Arbeiten auf diesem Gebiet veröffentlicht. Die Ansätze dienen einer Sprechernormierung/Sprecheradaption im Allgemeinen [204, 55, 184] und wurden auf das Erkennen von Kindersprache ebenfalls erfolgreich angewandt [30, 103, 61, 83, 84, 63]. Eine vollständige Darstellung bisher publizierter Arbeiten ist in dieser Arbeit nicht möglich. An Stelle dessen wird ein kurzer Überblick gegeben.

Die Verfahren dienen der Anpassung der trainierten Modelle an die Eigenschaften der Testdaten. Zu diesem Zweck wird eine gewisse Menge an Adaptionsdaten benötigt, die den Eigenschaften der Testbedingung (Kindersprache) entsprechen. Je nach Verfahren müssen die Daten bereits vor der Erkennung vorliegen oder sie werden am Anfang der Erkennung selbst aufgezeichnet. Dementsprechend werden die Verfahren während des Trainings oder während der Erkennung angewendet. Die Komplexität der Verfahren reicht von einer einfachen allgemein angewendeten Transformation bis zur einzelnen Transformation jeder Gaußverteilung. Entscheidend dafür, was am günstigsten eingesetzt wird, ist die Menge verfügbarer Adaptionsdaten. Es werden verschiedene Gruppen von Adaptionsmethoden unterschieden. Diese sind: Verfahren basierend auf der Maximum A-Posteriori (MAP) Adaption, Maximum Likelihood Linear Regression (MLLR), sprecheradaptivem Training (SAT) und Verfahren basierend auf Eigenvoices

[80, 218, 83, 220, 177].

In [166, 167] wird dargestellt, dass eine VTLN als constrained MLLR beschrieben werden kann. (Constrained – gezwungen steht dafür, dass dieselbe Matrix zur Transformation der Mittelwerte und Varianzen verwendet wird.) Die Studie von Uebel und Woodland unterstreicht diese Darstellung experimentell [204]. Unter der Nutzung von Erwachsenensprachdaten von Männern und Frauen führt in dieser Untersuchung die einzelne Anwendung verschiedener VTLN-Methoden, als auch die Anwendung von constrained MLLR zu einer Steigerung der Erkennungsrate. Die gemeinsame Anwendung beider Verfahren führt jedoch zu keiner weiteren Steigerung im Vergleich zur alleinigen Anwendung von constrained MLLR (bei Anwendung mehrerer Iterationen). Die gemeinsame Anwendung von unconstrained MLLR und VTLN führt jedoch zu einer additiven Performancesteigerung. Dies wird durch Ergebnisse anderer Studien bestätigt.

In [48, 49] wird ein System zum Erkennen italienischer Kindersprache (7 bis 13 Jahre, ChildIt Korpus) entwickelt. Es werden verschiedene Experimente durchgeführt und jeweils die erzielte PER (Phonetic Error Rate) betrachtet. Nach Training mit Sprache von Männern und Frauen beträgt die PER im Erkennen von Kindersprache 39,2 % und nach Training nur mit Frauen 36,8 %. Durch iteratives nicht überwachtes SMAPLR (structural MAP linear regression) kann die PER auf 31,7 %, bzw. 29,6 % nach der 1. Iteration und auf 28,1 %, bzw. 26,5 % nach der 5. Iteration gesenkt werden. In Verbindung mit VTLN betragen die Werte 29,3 %, bzw. 27,9 % nach der 1. Iteration und 26,7 %, bzw. 25,4 % nach der 5. Iteration. In einem nächsten Experiment wird ein englischsprachiges Kindermodell verwendet und mithilfe einer phonetischen Zuordnungstabelle daraus ein italienisches Kindermodell erstellt. Mit diesem wird eine PER von 24,8 % erzielt, welche durch zusätzliche Viterbi-Trainingsiteration mit italienischer Kindersprache nach 3 Iterationen auf 21,7 % und nach 6 Iterationen 21,8 % gesenkt werden kann.[5] Die Anwendung von SMAPLR kann die PER weiter auf 19,8 % senken und die zusätzliche Normierung von jedem Trainings- und jedem Testsprecher durch VTLN erzielt eine PER von 18,7 %. Im Vergleich zu der Adaption von Erwachsenendaten, wo jeder der 5 betrachteten Iterationsschritte Verbesserungen brachte, wird bei den Kinderdaten bereits nach der 2. Iteration die endgültige PER erreicht. Dieses Ergebnis kann durch die zusätzliche Anwendung von SAT nicht mehr signifikant verbessert werden (PER 18,6 %). Im Ergebnis bleibt festzuhalten, dass die Erkennungsleistung nach Training mit Erwachsenensprache durch Adaption zwar gesteigert werden kann, aber auch, dass die Ergebnisse schlechter ausfallen, als wenn das beschriebene Modell von Kindersprache verwendet wird.

In [61] führt die Anwendung von VTLN sowie Adaptionsmethoden jeweils zu einer Performancesteigerung in der Erkennung von Kindern zwischen vier und acht Jahren bei Training mit Erwachsenensprache, wobei die Steigerung bei den Adaptionsmetho-

---

[5]Auch wenn das Modell nach 3 Vtiterbi-Iterationen die niedrigste PER lieferte, wird im Folgenden mit dem Modell nach 6 Iterationen weiter gearbeitet.

3.3 Erkennen von Kindersprache – Überblick und Ergebnisse

den größer als bei der VTLN ist (WER: vorher 19,3 %, nach VTLN 14,3 %, nach MAP 11,7 %, nach MLLR 11,4 %, nach MLLRMAP 9,5 %). Eine gemeinsame Anwendung von VTLN und Adaptionsmethoden ist in dieser Arbeit nicht beschrieben.

In [83] können die Erkennungsergebnisse nach Training mit Kindersprache (WER = 12 %) durch Nutzung von Adaptionsmethoden jeweils weiter gesteigert werden (WER = 10,9 - 11,1 %) (Kinder im Alter von 8 bis 12 Jahren, Tgr-child Korpus). Weiterhin werden die Erkennungsraten für verschiedene Kinder gezeigt. Diese variieren ohne Anwendung von Adaptionstechniken zwischen WER = 42 % und 6 % und unter gemeinsamer Anwendung von VTLN und Adaptionsmethoden zwischen 34 % und 5 % (Kinder im Alter von 7 bis 13 Jahren, ChildIt Korpus).

In weiteren Veröffentlichungen werden ebenfalls Verbesserungen im Erkennen von Kindersprache durch Adaptionsmethoden erzielt [103, 82, 84, 104, 161]. Die Ergebnisse sind meist am besten, wenn verschiedene Adaptionsmethoden gemeinsam mit VTLN angewendet werden. Jedoch liegen die erzielten Ergebnisse bei Training mit Erwachsenensprache und Adaption in der Regel unterhalb der Ergebnisse, welche mit Modellen erzielt werden, die direkt mit Kindersprache trainiert wurden.

Weitere Verfahren

Eine weitere Variante zum Erkennen von Kindersprache, die ohne Kindersprachdaten auskommt, wird von Hagen et al. in [105] vorgestellt. In dieser wird ein akustisches Modell von Männern und Frauen separat erstellt. Danach wird eine lineare Transformation des Männermodells zu dem Frauenmodell berechnet und diese mit einer entsprechenden Skalierung wiederum auf das Frauenmodell angewendet, um ein Kindermodell zu erzeugen. Das Verfahren wird auf englische und spanische Sprachdaten angewendet und zur Erkennung in einem System zum Sprache lernen eingesetzt. Die Ergebnisse werden in Form einer EER (Equal Error Rate) dargestellt und zeigen eine Verbesserung in der Erkennungsleistung. Auf den englischen Sprachdaten wird eine EER von 4,07 % unter Verwendung des Männermodells, 2,92 % mit dem Frauenmodell und 2,36 % mit dem synthetisierten Kindermodell erzielt (EER mit echtem Kindermodell 1,90 %). Ein ähnliches Ergebnis wird unter Verwendung der spanischen Sprachdaten erzielt (EER Männermodell 5,62 %, Frauenmodell 2,17 %, synthetisiertes Kindermodell 2,09 %). Interessant ist, dass die Ergebnisse des synthetisierten Kindermodells, als auch des Frauenmodells besser ausfallen als die Ergebnisse unter Verwendung eines echten Kindermodells (EER 2,40 %). Die Autoren erklären sich dies durch die Vermutung, dass die verwendeten Kinderdaten eine hohe Variabilität aufweisen, welche sich negativ auf die Erkennungsleistung auswirkt.

3.3.3 Lexikalisches Modell

Weitere Studien wurden veröffentlicht, welche die Anpassung des lexikalischen Modells an Kindersprache untersuchen. Junge Kinder sowie Kinder mit einer schlechten Aussprache sprechen häufig nicht in kanonischer Ausspracheform. Somit kann es hilfreich sein, das lexikalische Modell an typische Aussprache(-fehler) anzupassen.

In [128] werden zu diesem Zweck benutzerspezifische Aussprachewörterbücher verwendet. In Abhängigkeit der Abweichung der Aussprache von der kanonischen Aussprache kann durch diese Maßnahme die Erkennungsleistung innerhalb eines kleines Bereichs gesteigert werden. In der Studie kann die WRR (Word Recognition Rate) für ein Kind mit guter Aussprache von 75,83 % auf 76,89 % gesteigert werden und für ein Kind mit schlechter Aussprache von 35,47 % auf 43,92 %.

Innerhalb des sprachgesteuerten Informationssystems Takemaru-Kun wird die Verwendung altersbezogener Aussprachewörterbücher untersucht [38]. Wie bereits in Abschnitt 3.1.2 erwähnt wird, wurden während einer ersten Testphase des Systems Daten aller Benutzer aufgezeichnet und zur weiteren Optimierung des Systems herangezogen. Aus diesen Daten wurden Regeln für typische Aussprachefehler extrahiert und das Aussprachewörterbuch um weitere Aussprachevarianten, welche unter Anwendung dieser Regeln entstehen, erweitert. Als Beispiel ist aufgeführt, dass das Wort "Takemaru" oft als "Tachimaru", "Takebaru" oder "Takemau" ausgesprochen wird. Durch Hinzufügen dieser und weiterer Aussprachevarianten für weitere Wörter kann die Accuracy für das Erkennen von Vorschulkindern von 51,2 % auf 54,7 % gesteigert werden. Jedoch wird in der Studie festgestellt, dass die Aussprachemodellierung unter Verwendung akustischer Modelle, welche mit Daten der entsprechenden Sprechergruppe trainiert wurden (unter Verwendung standardisierter Transkribierung), zu keinem Zuwachs an Erkennungsleistung führt, sich also nicht additiv verhält. Dies wird damit begründet, dass in diesem Fall die Abweichungen der Aussprache bereits durch das Training des akustischen Modells modelliert sind und somit keinen weiteren Raum für eine Performancesteigerung durch Aussprachemodellierung zulassen.

3.3.4 Sprachmodell

Die Verwendung von Sprachmodellen beim Erkennen von Kindersprache wird ebenfalls in verschiedenen Studien betrachtet, wobei festzustellen ist, dass die verwendeten Ansätze stark vom Anwendungsfall abhängig sind.

In Abschnitt 2.3.4 wurde bereits erwähnt, dass Narayanan und Potamianos in ihrer Studie unter anderem untersuchen, inwieweit die linguistischen Eigenschaften zwischen verschiedenen Sprechern bei einer semantisch gleichwertigen Äußerung und für einen Sprecher zwischen verschiedenen Äußerungen schwanken [154]. Dabei wurde festgestellt, dass die Schwankungen zwischen verschiedenen Sprechern größer sind als innerhalb eines Sprechers. Narayanan und Potamianos ziehen daraus die Schlussfolgerung, dass die Verwendung von sprecherspezifischen Sprachmodellen einen Performancegewinn bringen könnte. In ihrer Veröffentlichung stellen sie einen Dialog vor, der in Form von Zuständen durchlaufen wird und als Sprachmodell zustandsabhängige Trigram-Wort-Modelle verwendet. Mit diesem können sie die ursprüngliche Wortfehlerrate von 22 % um 5 - 20 % relativ reduzieren. Zur genauen Implementierung wird auf [175] verwiesen. Die Verwendung der vorgeschlagenen sprecherspezifischen Sprachmodelle wird jedoch nicht untersucht.

In dem Programm VersaReader zur automatischen Bestimmung der Lesefähigkeit von Kindern zwischen 7 und 12 Jahren wird ein regelbasiertes Sprachmodell verwendet [33]. Dieses besteht aus linguistischen Regeln, welche aus transkribierten Daten gelernt wurden und ist in der Lage, viel längere Abhängigkeiten als mit einem Trigram-Modell abzubilden. In Kombination mit einem akustischen Modell, welches explizit lange Pausen modelliert, werden dabei die besten Ergebnisse erzielt. Für den Fall, dass kein weiteres Wissen über die Transkribierungen vorliegt, kann eine WER von 7,83 %, im Vergleich zu 8,94 % bei Trigram-Modellen, erzielt werden. Ein weiterer Fall ist beschrieben, in welchem Transkribierungen des entsprechenden Abschnitts vorliegen. Dieser Fall wird als aufgabenspezifisch (Originalwortlaut: task-dependent) bezeichnet. In diesem Fall wird mit dem regelbasierten Sprachmodell eine WER von 7,54 %, im Vergleich zu 8,47 % bei Trigram-Modellen, erzielt.

Das System Takemaru-Kun verwendet ebenfalls ein Sprachmodell unter Einbeziehung von Daten, die in früheren Phasen während der Benutzung des Systems aufgezeichnet wurden. In [38] werden verschiedene Varianten zur Auswahl eines Sprachmodells zum Erkennen von Kindern im Vorschulalter betrachtet. Das Ausgangssystem verwendet Internet-Daten und Transkribierungen von Tausenden von Kindern und erzielt eine Accuracy von 51,9 %. Anschließend werden verschiedene Sprachmodelle trainiert, welche nur Kinderdaten nutzen. Alle diese Modelle erzielen bessere Ergebnisse als das Ausgangssystem. Die Ergebnisse unter Verwendung von Daten von Kindern im Vorschulalter können weiter gesteigert werden durch das zusätzliche Einbeziehen von Daten von Schulkindern aus niedrigeren und höheren Klassen. Nach Ansicht der Autoren ist dies gut nachzuvollziehen, da die Daten der Vorschulkinder sogenannte Nicht-Standard-Wörter enthielten. Eine Normierung der Vorschulkinderdaten führte schließlich zu den besten Ergebnissen von einer Accuracy von 57,4 %, welche durch das zusätzliche Einbeziehen von Daten von Schulkindern nicht weiter gesteigert werden konnte.

3.3.5 Dialog

Die Dialog-Modellierung zählt bereits zum Bereich der SLU (Spoken Language Understanding) und wird in dieser Arbeit nicht weiter betrachtet. Ein kleiner Einblick wird jedoch am Beispiel von zwei Studien gegeben.

Der Dialog in [154] ist durch ein Dialog-Modell mit verschiedenen Zuständen aufgebaut und wird mithilfe von Bigram-Modellen dargestellt. Die SLU-Erkennungsleistung kann durch Verwendung eines Trigram-Sprachmodells und des Bigram-Dialogmodells von 78 % auf 86 % gesteigert werden. Die Reduktion der Fehlerrate kommt dabei um 5 % bis 20 % durch das Sprachmodell und um 15 % bis 25 % durch das Dialog-Modell.

In [38] wird der Dialog über eine Frage-Antwort-Datenbank gesteuert, welche aus Frage-Antwort-Paaren für ca. 300 Antworten besteht. Die Fragen werden aus Sprachdaten ausgewählt, welche bei der Benutzung des Systems in einer Testphase aufgezeichnet wurden und jeweils eine der 300 möglichen Antworten manuell hinzugefügt. Dabei wird zwischen Daten von Kindern im Vorschulalter und allgemein Kinderdaten unterschieden. Die Optimierung dieser Datenbank ist in [203] beschrieben.

3.4 Vokaltraktlängennormierung – Stand der Forschung

Wie bereits in Abschnitt 2.1.2 beschrieben wurde, unterscheidet sich die Länge des Vokaltraktes eines Kindes von der eines Erwachsenen, wodurch sich die Lage der Formantfrequenzen ebenfalls unterscheidet. Diese Abweichungen sind einer der stärksten Gründe für die akustischen Unterschiede zwischen Kindern und Erwachsenen und führen zu einem Abfall der Erkennungsrate im Erkennen von Kindersprache, wenn das akustische Modell mit Erwachsenensprache trainiert ist. Da häufig nicht genügend Kindersprachdaten zum Training des akustischen Modells zur Verfügung stehen, ist es ein gängiges Verfahren, Erwachsenensprachdaten zu verwenden und die unterschiedliche Lage der Formantpositionen mithilfe von VTLN-Methoden auszugleichen. Neben der Anwendung zur Kindersprachkennung werden VTLN-Methoden auch häufig eingesetzt, um Unterschiede in den akustischen Eigenschaften von Erwachsenen zu kompensieren (meist Unterschiede zwischen Männern und Frauen). Da einige interessante Ansätze bisher nicht mit Kindersprache getestet wurden, werden in diesem Abschnitt auch Arbeiten zu VTLN-Methoden betrachtet, in welchen nur Erwachsenensprachdaten verwendet werden. Das Wissen um die vokaltraktlängenabhängige Lage der Formantfrequenzen ist bereits seit sehr langer Zeit bekannt und wird ebenfalls seit einigen Jahrzehnten erfolgreich zur Normierung in Systemen zur Sprachsignalverarbeitung angewendet [158, 210].

Die VTLN zählt zu den Normierungsverfahren und wird im Gegensatz zu Adaptionstechniken, welche die Modelldaten verändern, auf die Sprachdaten (meist im Spektralbereich gemeinsam mit der Mel-Verzerrung[6]) angewendet. Zur konkreten Umsetzung kommen verschiedene Varianten in Frage. Drei gebräuchliche sind:

- **Verzerrung von Trainings- und Testdaten** – In dieser Variante werden alle Trainingsdaten auf einen fiktiven Normsprecher normiert. Dies führt einerseits zur Erstellung besonders diskriminativer Modelle, was generell zu höheren Erkennungsraten führen kann. Andererseits hat dies zur Folge, dass die Erkennungsra-

---
[6]Der Begriff Mel stammt von melody [197].

3.4 Vokaltraktlängennormierung – Stand der Forschung

te umso schneller abfällt, je weiter die Eigenschaften des Testsprechers von dem Normsprecher entfernt liegen. Somit muss während der Erkennung ebenfalls versucht werden, die Daten des Testsprechers mithilfe einer Adaptionsäußerung auf diesen Normsprecher anzupassen, da sonst nicht die optimale Erkennungsgenauigkeit erreicht werden kann.

- **Verzerrung der Trainingsdaten** – Eine andere Variante ist es, die Trainingsdaten aller Sprecher in gleicher Weise zu verzerren und somit die Menge der Trainingsdaten möglichst gut an die zu erkennende Zielgruppe anzupassen. In diesem Fall müssen die Testdaten nicht verzerrt werden, was zu einer Einsparung an Rechenleistung während der Erkennung führt, da kein Verzerrungsfaktor bestimmt werden muss. Ein weiterer Vorteil, wenn die Testdaten nicht verzerrt werden, ist, dass Signalanteile der Testdaten, welche keine Sprache aber Hintergrundgeräusche beinhalten, ebenfalls nicht verzerrt werden und somit keine unnatürlichen bzw. sich wechselnden Umgebungsgeräusche künstlich erzeugt werden, die wiederum zu einer Absenkung der Erkennungsrate beitragen können.

- **Verzerrung der Testdaten** – Ebenso ist es möglich, die Trainingsdaten nicht zu verzerren und anstelle dessen nur die Testdaten an die bestehenden Modelle anzupassen. Diese Variante wird verwendet, wenn man zum Zeitpunkt des Trainings keine weiteren Informationen über die Zielgruppe hat, welche später erkannt werden soll. In diesem Fall besteht die einzige Möglichkeit einer Anpassung von Test- und Trainingsdaten durch eine dynamische Anpassung zum Zeitpunkt der Erkennung mithilfe einer Adaptionsäußerung.

Welche Variante gewählt wird, ist vom jeweiligen Anwendungsfall abhängig. In der verfügbaren Literatur wurden viele Arbeiten veröffentlicht, welche sich mit VTLN-Methoden befassen. Diese untersuchen meist einen der folgenden Punkte:

- Wahl der Verzerrungsfunktion,
- Verfahren zur Bestimmung des Verzerrungsfaktors,
- Stelle der Implementierung in der Analysekette,
- Anwendung auf verschiedene sprachliche Einheiten,
- Verbesserung der Erkennungsleistung unter verschiedenen Bedingungen,
- Vergleich und Kombination mit Adaptionsmethoden.

Im Folgenden wird dargestellt, welche Verfahren angewendet werden und welche Ergebnisse damit erzielt werden.

3.4.1 Verzerrungsfunktionen

Zur Verzerrung des Spektrums kommen verschiedene Verzerrungsfunktionen in Frage. Im Folgenden werden zunächst einige gängige Funktionen definiert und im Anschluss daran Untersuchungen betrachtet, in welchen versucht wird, eine bestmögliche Verzer-

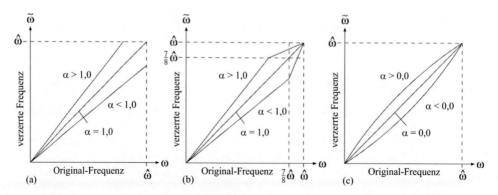

Abbildung 3.4 – Verschiedene Verzerrungsfunktionen: (a) lineare Verzerrung, (b) stückweise lineare Verzerrung (symmetrisch) und (c) bilineare Verzerrung, Verlauf von quadratischer, bzw. Leistungfunktion ähnlich wie (c), aber nicht symmetrisch. Grafik (b) und (c) leicht abgeändert aus [147].

rungsfunktion zu finden.

Definition gängiger Funktionen

Die grundsätzliche Überlegung ist die, in welcher Weise die kleinere Anatomie des Kindes die akustischen Eigenschaften von Sprache beeinflusst. Häufig wird als Modell eine gleichmäßige Größenveränderung des Vokaltraktes mit dem Alter und damit einhergehend eine lineare Verzerrung der Formantfrequenzen angenommen. Diese kann durch Wahl eines Verzerrungsfaktors α mit den folgenden Funktionen nachgebildet werden, welche in Abbildung 3.4 dargestellt sind.

- **Lineare Verzerrung** – Die naheliegende Umsetzung einer linearen Verschiebung der Formantfrequenzen ist die Umsetzung einer einfachen linearen Verzerrung, wie in Abbildung 3.4 (a):
$$\tilde{\omega} = \alpha \cdot \omega. \tag{3.1}$$
Da sich dadurch jedoch entweder der dargestellte Frequenzbereich verändert (Informationsverlust) oder die oberen Elemente des Spektrogramms Null gesetzt werden, wurden weitere Verfahren entwickelt, welche dies verhindern.

- **Stückweise lineare Verzerrung** – Eine Variante, dies zu umgehen, ist die stückweise lineare Verzerrung [212, 204]:
$$\tilde{\omega} = \begin{cases} \alpha \cdot \omega & ; \omega \leq \omega_0 \\ \alpha \cdot \omega_0 + \frac{\hat{\omega} - \alpha \cdot \omega_0}{\hat{\omega} - \omega_0} \cdot (\omega - \omega_0) & ; \omega > \omega_0. \end{cases} \tag{3.2}$$
Diese kann durch Wahl der Grenzfrequenz ω_0, ab welcher sich der Verzerrungs-

funktionsverlauf ändert, entweder unsymmetrisch [212]:

$$\omega_0 = \frac{7}{8}\hat{\omega} \tag{3.3}$$

oder symmetrisch (Abbildung 3.4 (b)) umgesetzt werden [204]:

$$\omega_0 = \begin{cases} \frac{7}{8}\hat{\omega} & ; \alpha \leq 1 \\ \frac{7}{8\cdot\alpha}\hat{\omega} & ; \alpha > 1. \end{cases} \tag{3.4}$$

Aufgrund der abrupten Änderung im Verzerrungsfunktionsverlauf kann jedoch die Vermutung entstehen, dass sich dies ungünstig auf weitere Eigenschaften des Spektrums auswirkt, weshalb häufig weitere Funktionen mit glattem Funktionsverlauf betrachtet werden. Weiterhin wurden in der Literatur vereinzelt fehlerbehaftete Formeln zur Umsetzung der stückweise linearen Verzerrung gefunden, die dazu führen, dass ein Sprung im Funktionsverlauf bei ω_0 entsteht.

- **Quadratische Verzerrung** – Eine Funktion mit glattem Funktionsverlauf ist die quadratische Verzerrung [167]:

$$\tilde{\omega} = \omega + \alpha\left(\frac{\omega}{\hat{\omega}} - \left(\frac{\omega}{\hat{\omega}}\right)^2\right) \tag{3.5}$$

- **Leistungsfunktion** – Eine weitere Funktion, welche einen glatten Verlauf aufweist, ist die Leistungsfunktion [60]:

$$\tilde{\omega} = \left(\frac{\omega}{\hat{\omega}}\right)^\alpha \cdot \hat{\omega}. \tag{3.6}$$

- **Bilineare Verzerrung** – Ebenso wird häufig eine bilineare Verzerrung wie in Abbildung 3.4 (c) angewandt [1]:

$$\tilde{z}(z) = \frac{z - \alpha}{1 - \alpha z}. \tag{3.7}$$

Diese weist ebenfalls einen glatten Funktionsverlauf auf und kann als Sonderfall der Allpasstransformation [142] betrachtet werden.

Neben diesen Funktionen werden in der Literatur weitere verschiedene Verzerrungsfunktionen verwendet, wie z. B. in [146, 200].

Untersuchungen zur Auswahl einer optimalen Verzerrungsfunktion

Ziel der Untersuchungen ist es, die Verzerrungsfunktion zu finden, welche am besten die Unterschiede im Sprachsignal von Erwachsenen und Kindern nachbildet und somit zur höchsten Erkennungsrate führt. Dabei wird meist festgestellt, dass alle Verzerrungsfunktionen ähnlich gute Ergebnisse erzielen [147, 140, 41]. Typische Erkennungsraten sind zum Beispiel: Erkennen von Kindersprache (6 bis 17 Jahre), kleiner Wortschatz (Ziffern), Erwachsenenmodell, WER vor VTLN 15,9 %, nach VTLN 8,7 %. Gleiches Szenario mit Kindermodell: WER vor VTLN 6,7 %, nach VTLN 4,9 % [168]. Welche

Verzerrungsfunktion jedoch am besten funktioniert, variiert innerhalb der verschiedenen Arbeiten. Im Folgenden werden ein paar Untersuchungen zur Auswahl einer möglichst optimalen Verzerrungsfunktion betrachtet.

In [61] untersuchen Elenius und Blomberg die Verwendung einer speziellen linearen Verzerrungsfunktion, mit welcher die bereits beschriebenen Probleme dieses Ansatzes umgangen werden können. In ihrem Verfahren werden die Sprachdaten der Kinder in Richtung der Erwachsenen verzerrt. Die Kinderdaten werden dabei zunächst mit einer höheren Abtastrate als die Erwachsenendaten aufgenommen, wodurch diese eine größere Bandbreite besitzen. Anschließend werden die Kinderdaten verzerrt und ihre Bandbreite den Erwachsenensprachdaten angeglichen. Das Verfahren erwies sich allerdings als relativ störanfällig bezüglich Hintergrundgeräuschen, weshalb es in späteren Experimenten der Autoren nicht weiter verwendet wurde.

Potamianos et al. untersuchen in [168] unter anderem die Verwendung einer biparametrischen Verzerrungsfunktion, um die verschiedenen Formantfrequenzen unterschiedlich stark skalieren zu können (Kinder im Alter von 6 bis 17 Jahren, DgtIII Korpus). Mit dem Verfahren kann laut Potamianos die WER um 3 bis 5 % im Vergleich zur linearen Verzerrung reduziert werden (hauptsächlich für weibliche Sprecher, absolute Erkennungsraten bei den verschiedenen Verzerrungsfunktionen nicht angegeben, 3 bis 5 % vermutlich relativ). Die dabei berechneten Skalierungsfaktoren bestätigen laut Potamianos die altersabhängigen Skalierungsfaktoren der einzelnen Formanten (nicht phonembezogen, Durchschnittswerte), welche in [125] beschrieben sind. In diesem Ergebnis werden niedrige Frequenzen, welche zu F_1 gehören, stärker verzerrt, als höhere Frequenzen, die zu dem Frequenzband gehören, in welchem F_2 und F_3 liegen.

Weitere Untersuchungen zum optimalen Verlauf der Verzerrungsfunktion wurden von Umesh und Bharath Kumar et al. durchgeführt [205, 15, 16, 17, 206]. Dazu betrachten sie die Peterson-Barney Datenbasis (wie auch in dieser Arbeit bereits in Abbildung 2.7), bzw. die Hillenbrand Datenbasis von Vokalinformationen verschiedener Sprecher und stellen wie Fant [71] (vgl. Abschnitt 2.1.2) fest, dass die Frequenzskalierung zwischen Erwachsenen und Kindern, bzw. Frauen und Männern einerseits phonemabhängig und andererseits formantabhängig erfolgt. In den hier aufgeführten Arbeiten beschreiben sie unabhängig vom Phonem, wie sich die Frequenzskalierung zwischen Männern und Frauen in der Peterson-Barney, bzw. Hillenbrand Datenbasis verhält. Diesen Verlauf können sie mit einer Affine-Transformation am besten nachbilden, von der sie wiederum nachweisen, dass diese einen Mel-ähnlichen Verlauf aufweist. Sie argumentieren, dass dies die Verwendung der Mel-Skala in der Sprachverarbeitung nicht nur aus einem psychoakustischen Blickwinkel rechtfertigt, sondern ebenfalls aus einem Blickwinkel der Sprechernormierung. In [198] wird gezeigt, dass die Mel-Skala wiederum gut mithilfe einer bilinearen Transformation nachgebildet werden kann, wodurch das Verfahren von Umesh und Bharath Kumar et al. ebenfalls dieser Gruppe von Verzerrungsfunktionen zugeordnet werden kann.

In [140] wird die Wirksamkeit verschiedener Verzerrungsfunktion verglichen: linear,

3.4 Vokaltraktlängennormierung – Stand der Forschung

stückweise nicht-linear, Leistungsfunktion, bi-parametrisch stückweise linear und vier-parametrisch stückweise linear. Zu diesem Zweck werden die Sprachdaten von acht Männern und acht Frauen verwendet und in eine Referenzgruppe und eine Testgruppe eingeteilt. Von diesen Daten wird dargestellt, wie groß die Variabilität zwischen der Referenz- und der Testgruppe für verschiedene Phoneme vor und nach der Normierung ausfällt. Die Normierung wird mithilfe einer ML-Methode ausgeführt, sodass die Parameter der Verzerrungsfunktionen optimal gewählt werden (vgl. Abschnitt 3.4.2). Dabei werden mit allen Verzerrungsfunktionen ähnlich gute Ergebnisse erzielt, wobei die lineare und stückweise nicht-lineare Verzerrungsfunktion etwas besser funktionieren als die Leistungsverzerrungsfunktion und die vier-parametrische Verzerrungsfunktion insgesamt die besten Ergebnisse liefert. Weiterhin wird dargestellt, dass die Distanz zwischen der Test- und der Referenzgruppe bei vielen Phonemen nach der Normierung so groß ist, wie die Distanz zwischen zwei Realisierungen des gleichen Phonems von ein und demselben Sprecher. Dies spricht dafür, dass die Normierung die akustischen Unterschiede bestmöglich reduziert hat.

Molau vergleicht in seiner Dissertation ebenfalls die Verwendung verschiedener Verzerrungsfunktionen und stellt fest, dass die Ergebnisse ähnlich ausfallen [147]. In seiner Arbeit liefert die stückweise lineare Verzerrung etwas bessere Ergebnisse als die Leistungsfunktion (unter Verwendung von Erwachsenensprachdaten) [147]. Im Allgemeinen kann festgestellt werden, dass sich die Ergebnisse in den Untersuchungen mit verschiedenen Verzerrungsfunktionen nur unwesentlich unterscheiden und deshalb meist einfache mono-parametrische Verzerrungsfunktionen wie die stückweise lineare oder bilineare Verzerrung gewählt werden, da diese in Bezug auf die Parameterbestimmung weniger aufwendig sind als Verfahren mit mehreren Parametern.

3.4.2 Verfahren zur Bestimmung des Verzerrungsfaktors

Wie bereits einleitend zu diesem Abschnitt erwähnt wurde, ist es möglich, die Testdaten, die Trainingsdaten oder beide zu normieren. Der wesentliche Unterschied zwischen der Normierung der Testdaten und der Normierung der Trainingsdaten ist, dass während des Trainings mehr Zeit zur Verfügung steht und somit rechenintensivere Verfahren angewendet werden können. Somit ist das Ziel während des Trainings die möglichst verlässliche Bestimmung des Verzerrungsfaktors. Wohingegen während der Erkennung die effiziente Bestimmung des Verzerrungsfaktors Priorität hat. In Abschnitt 3.4.1 wurden neben einfachen mono-parametrischen Verzerrungsfunktionen auch komplexere Ansätze betrachtet, welche mehrere Parameter zur Skalierung verwenden. In diesen Fällen ist die Parameterbestimmung aufwendiger als bei einem Parameter. In [160] wird dies mithilfe eines Gradient-Suchalgorithmus gelöst. Im Folgenden werden jedoch nur mono-parametrische Ansätze betrachtet. Generell gibt es immer einen Verzerrungsfaktor, der dazu führt, dass die Test- und Trainingsdaten am besten zueinander passen. Je nachdem wie gut dieser optimale Verzerrungsfaktor geschätzt werden kann, kann die bestmögliche Erkennungsgenauigkeit erzielt werden. Es können zwei verschiedene Ansätze zur Bestimmung des Verzerrungsfaktors unterschieden werden. Der erste Ansatz ist die Normierung auf Basis von Wissen und der zweite Ansatz ist die Normierung mithilfe einer ML-basierten Suche. Dabei ist festzustellen, dass der zweite Ansatz rechenaufwendiger ist, aufgrund der besseren Ergebnisse aber meistens angewendet wird.

Eine Möglichkeit für einen wissensbasierten Ansatz ist die Normierung mithilfe des Wissens über die Formantfrequenzen [93, 132], wobei meist der dritte Formant gewählt wird [158], da sich dieser am wenigsten bei verschiedenen Phonemen verändert. Eine weitere wissensbasierte Variante wird von Faria und Gelbart in [72] untersucht. In dieser Arbeit wird betrachtet, inwieweit die Grundfrequenz bei der Bestimmung des Verzerrungsfaktors behilflich sein kann. Dazu vergleichen sie drei Verfahren: einen ML-basierten Ansatz, einen Ansatz, welcher nur auf der Grundfrequenz basiert und einen MAP-basierten Ansatz, welcher ebenfalls die Grundfrequenz einbezieht. In ihrer Untersuchung kommen sie zu dem Ergebnis, dass, wenn nur wenig Adaptionsdaten zur Verfügung stehen, der MAP-basierte Ansatz den Verzerrungsfaktor am verlässlichsten bestimmt. Am zweitbesten funktioniert der ML-basierte Ansatz und danach kommt der Ansatz, welcher nur auf der Grundfrequenz basiert. Dieser funktioniert zwar am schlechtesten von den drei Varianten, führt jedoch immer noch zu höheren Erkennungsraten als ohne VTLN. Ein großer Vorteil davon, die Grundfrequenz zur Bestimmung des Verzerrungsfaktors einzubeziehen ist, dass diese häufig in der Vorverarbeitung bereits schon bestimmt wird und somit eine Normierung durchgeführt werden kann, ohne zusätzliche Rechenleistung zur Bestimmung des Verzerrungsfaktors aufbringen zu müssen.

ML-basierte Ansätze schätzen den optimalen Verzerrungsfaktor am besten und führen somit zur bestmöglichen Ausschöpfung der Performancesteigerung durch VTLN. Jedoch benötigen sie zusätzlichen Rechenaufwand zur Bestimmung des Verzerrungsfaktors, der insbesondere während der Erkennung nur begrenzt zur Verfügung steht. Das prinzipielle Verfahren ist, verschiedene Erkennungsdurchläufe zu vollziehen, wobei der Verzerrungsfaktor in einem vorgegebenem Bereich verändert wird. Danach wird der Verzerrungsfaktor gewählt, welcher zur höchsten Beobachtungswahrscheinlichkeit der Äußerung geführt hat. Diese Äußerung kann eine bekannte Äußerung im Training oder eine erste Erkennerhypothese (ohne VTLN) während der Erkennung durch Verwendung einer Adaptionsäußerung sein. Verschiedene Untersuchungen haben sich mit der Optimierung der Verzerrungsfaktorbestimmung befasst. Effiziente Algorithmen während der Erkennung werden meist als Fast-VTLN oder Rapid-VTLN bezeichnet. Auf die genaue Umsetzung der Verfahren wird an dieser Stelle jedoch nicht eingegangen. Arbeiten, die sich mit dieser Thematik befassen, sind [65, 147, 133, 173, 2, 174].

Weitere Verfahren zur Bestimmung des Verzerrungsfaktors ergeben sich aus der Anwendung auf verschiedene sprachliche Einheiten und werden in Abschnitt 3.4.4 betrachtet.

3.4.3 Stelle der Implementierung

Der Grundgedanke der VTLN ist die Anpassung der Formantfrequenzen von Test- und Trainingsdaten. Somit ist die naheliegende Lösung die Implementierung im Frequenzbereich. Häufig wird dies in Verbindung mit der Mel-Skalierung und Dimensionsreduktion ausgeführt. Jedoch sind weitere Stellen in der Analysekette möglich, um eine VTLN zu implementieren. Einen Überblick über mögliche Verfahren bietet [147]. Im Folgenden werden einige interessante Ansätze kurz erläutert.

Ein Ansatz, welcher nicht direkt in den Spracherkenner implementiert werden muss, wird von Gustafson und Sjölander in [98] betrachtet. Dazu testen sie die Umsetzung einer VTLN im Zeitbereich, wodurch sie dem Spracherkenner Kindersprache bereit stellen, welche bereits verzerrt ist. Sie untersuchen zwei verschiedene Methoden, die auf dem Phase Vocoder Algorithmus, bzw. auf der TD-PSOLA (Time-Domain Pitch-Synchronous Overlap Add) Methode basieren. Ihre Herangehensweise bietet den Vorteil, dass kommerzielle (mit Erwachsenensprache trainierte) Spracherkenner zum Erkennen von Kindersprache verwendet werden können, ohne dass diese selbst verändert werden müssen. Zur Umsetzung dieses Ansatzes sind allgemein Verfahren der Voice-Conversion denkbar (vgl. [200]).

Neben der bereits erwähnten Implementierung bei der Zusammenfassung der Spektralanteile zu Mel-Filterbankkanälen ist eine Implementierung direkt im Spektrum durch Interpolation ebenfalls möglich [147]. Ebenso ist die Implementierung im Cepstralbereich, bzw. eine Implementierung in Verbindung mit der DCT (Discrete Cosine Transform) zur Überführung in den Cepstralbereich sowie die Darstellung in Form einer constrained MLLR-Adaption möglich [165, 166, 147, 167, 192]. In diesen Fällen gilt es, die Verzerrungsfunktion ebenfalls zu transformieren und dann im jeweiligen Bereich auf das Signal anzuwenden. In Abhängigkeit der genauen Umsetzung eines Spracherkenners können weitere Stellen zur Implementierung einer VTLN denkbar sein.

3.4.4 Anwendung auf verschiedene sprachliche Einheiten

In den bisherigen Abschnitten wird die VTLN in der Weise betrachtet, dass sie entweder allgemeingültig bzw. sprecherspezifisch im Training oder äußerungsspezifisch im Test angewendet wird. Dies wird durch die Wahl des Verzerrungsfaktors bestimmt. Aufgrund der unterschiedlichen Entstehung der Sprachlaute ist jedoch davon auszugehen, dass die Verzerrung zwischen Erwachsenen- und Kindersprachdaten bei verschiedenen Phonemen unterschiedlich stark ausfällt. Dies gilt insbesondere für Unterschiede zwischen stimmhaft und stimmlos gesprochenen Lauten. In diesem Abschnitt werden somit Ansätze betrachtet, in welchen sich der Verzerrungsfaktor während der Erkennung ändern kann. Dadurch können verschiedene sprachliche Einheiten, wie z. B. Phoneme oder Frames unterschiedlich stark verzerrt werden.

In der verfügbaren Literatur haben sich bisher wenige Forschergruppen mit Ansätzen beschäftigt, welche diesen Gedanken verfolgen. Die verschiedenen Ansätze sind unter den folgenden Bezeichnungen publiziert wurden: Phonem-dependend Frequency Warping, Phonem-specific VTLN, Temporal VTPM (Vocal Tract Predictive Modeling), Dynamic Vocal Tract Length Normalization, Multi-Warp Model, Regionbased VTLN, augMented stAte space acousTic dEcoder (MATE) und SCA-HMMs (Speaker Characteristic Augmented HMM). Diese Arbeiten werden im Folgenden betrachtet.

Potamianos und Narayanan et al. 1997, 2003 [168, 170] In diesen Studien untersuchen Potamianos und Narayanan et al. einerseits die Verwendung einer bi-parametrischen Verzerrungsfunktion, um jeden Formanten separat skalieren zu können und andererseits die Verwendung von phonemspezifischen Skalierungsfaktoren (allerdings mono-parametrisch, als Phonem-dependend Frequency Warping bezeichnet). Sie stellen ebenfalls fest, dass die Beziehungen zwischen Erwachsenen und Kindern zu einer phonem- und formantspezifischen Verzerrung führen. Die Anwendung eines Verfahrens, welches beide Aspekte berücksichtigt (phonembezogene unterschiedliche Skalierung der einzelnen Formanten) wird in den Arbeiten jedoch nicht beschrieben. Weiterhin zeigen die Skalierungsfaktoren der einzelnen Phoneme, dass diese bezüglich des Alters alle ähnliche Trends aufweisen. Die Autoren schlussfolgern daraus, dass die Verwendung eines phonemunabhängigen Verzerrungsfaktors eine vertretbare Approximation darstellt.

Fukada und Sagisaka 1998 [78] In dem Verfahren, welches in dieser Untersuchung beschrieben ist, kann sich der Grad der Verzerrung von jedem Frame einzeln ändern. Dazu wird zunächst ein akustisches Modell ohne Verzerrung erstellt und anschließend weitere mit verschiedenen Verzerrungsfaktoren. Die Erkennung wird dann mithilfe eines 3-dimensionalen Viterbi-Algorithmus ausgeführt, welcher den besten Weg durch einen Graphen mit den folgenden drei Dimension sucht: Merkmalvektorfolge des Eingangssignals, HMM-Zustände und Verzerrungsfaktor.

Miguel und Rose et al. 2005 [144, 178, 145] Ein weiterer Ansatz, mit welchem eine framespezifische Verzerrung ermöglicht wird, ist in den Veröffentlichungen von Miguel und Rose et al. beschrieben. Das Verfahren wird als augMented stAte space acousTic dEcoder (MATE) bezeichnet und baut auf dem System von Fukada und Sagisaka auf. Das Vorgehen ist dabei ein ähnliches wie bei Fukada und Sagisaka, wobei ebenfalls ein 3-dimensionaler Viterbi-Algorithmus zur Dekodierung des erweiterten Zustandsraums verwendet wird. Jedoch erweitern sie den Ansatz von Fukada und Sagisaka in einigen Punkten. So ist es in ihrem Ansatz z. B. möglich die Übergangswahrscheinlichkeiten des erweiterten Zustandsraums im Training zu lernen, im Unterschied zu Fukada und Sagisaka, wo diese von vornherein mit Null oder Eins belegt werden. Weiterhin stellen sie gewisse Restriktionen auf, wie sich der Verzerrungsfaktor verändern darf. Zusätzlich

3.4 Vokaltraktlängennormierung – Stand der Forschung

untersuchen sie, welche Dimensionalität der Merkmalvektoren (MFCC) zu einem optimalen Erkennungsergebnis führt. Diese wird in empirischen Experimenten ermittelt. Dabei werden mit dem Standardsystem bei einer Dimensionalität von 12 die besten Erkennungsergebnisse erzielt. Unter Verwendung des MATE-Frameworks mit framspezifischer Verzerrung werden die besten Ergebnisse hingegen bei einer Dimensionalität von 16 erzielt, wobei die Ergebnisse auch bei 12 besser als beim Standardsystem ausfallen. Dies lässt darauf schließen, dass, je besser die Testdaten an das Modell angepasst sind, eine höhere Dimensionalität der Merkmalvektoren verwendet werden kann.

Maragakis und Potamianos 2008 [140] In dem Ansatz von Maragakis und Potamianos, welcher als Regionbased VTLN bezeichnet wird, wird als kleinste Einheit, welche unterschiedlich stark verzerrt werden kann, ein Phonem verwendet. Sie verwenden einen zweistufigen Ansatz, bei welchem sie die Äußerung im ersten Durchlauf in verschiedene Bereiche einteilen, welche aus ähnlichen Phonemen bestehen. Dabei untersuchen sie, wie feingliedrig diese Unterteilung am besten durchgeführt wird. Es zeigt sich, dass die Zuordnung zu zwei verschiedenen Phonemgruppen am besten funktioniert. Im zweiten Durchlauf führen sie dann die eigentliche Erkennung durch, wobei die Gruppen verschiedener Phoneme unterschiedlich stark verzerrt werden können. Die Erkennungsleistung (Accuracy) des Ausgangssystems beträgt 48,3 % ohne VTLN und 53,2 % bei Anwendung einer gewöhnlichen VTLN mit ML-Verfahren zur Bestimmung des Verzerrungsfaktors. Mit ihrer Regionbased Methode erzielen sie eine Accuracy von 56,1 % für die Einteilung in zwei Phonemgruppen und eine Accuracy von 55,7 %, bzw. 55,4 % für die Zuordnung der Phoneme in drei, bzw. fünf verschiedene Gruppen. Das die Erkennungsgenauigkeit bei einer Einteilung in mehr als zwei Gruppen leicht abfällt, wird damit begründet, dass bei zu vielen Gruppen zu wenige Daten zum Schätzen der Verzerrungsfaktoren vorliegen, da diese aus einer einzelnen Testäußerung bestimmt werden. Das Verfahren wird in dieser Veröffentlichung nur mit Erwachsenensprachdaten erprobt.

Elenius und Blomberg 2007, 2008, 2008, 2009, 2010, 2010 [22, 21, 20, 62, 64, 63]
Ausführliche Betrachtungen und Untersuchungen zur phonemspezifischen VTLN werden von Elenius und Blomberg angestellt und sind in der Dissertation von Elenius [63] zusammengefasst. In den verschiedenen Arbeiten tauchen dabei die folgenden Bezeichnungen auf: phonem-dependend VTLN, temporal VTPM, dynamic VTLN, Multi-Warp Model und SCA-HMMs (Speaker Characteristic Augmented HMM). Es werden Versuche durchgeführt, in welchen die Vokaltraktlängenverteilung in den Trainingsdaten synthetisch erweitert wird. Mit diesen Daten erstellen sie dann ein akustisches Modell, in welchem jeder Zustand mehrfach vorhanden ist um verschiedene Verzerrungsfaktoren darstellen zu können. Dieses Modell verwenden sie zur Erkennung, wobei ein gewöhnlicher Viterbi-Algorithmus zur Dekodierung verwendet wird. Jedoch erzielen sie damit zu Beginn keine Verbesserungen in der Erkennungsleistung. Dies

wird damit begründet, dass sich der Verzerrungsfaktor bei verschiedenen Phonemen sprunghaft ändern kann, was zu einem unnatürlichen Verlauf des Verzerrungsfaktors führt und sich somit negativ auf die Erkennungsleistung auswirkt. In weiteren Experimenten versuchen sie dem entgegen zu wirken. Dazu spalten sie den Verzerrungsfaktor in zwei Teile auf, in einen statischen, welcher sich nicht ändert und in einen dynamischen, für den sie gewisse Bedingungen aufstellen, wie sich dieser ändern darf. Mit diesem Verfahren können sie die Erkennungsrate etwas steigern. Jedoch liegen die erzielten Ergebnisse unterhalb der Ergebnisse, welche mit einem Modell erzielt werden, das mit Kindersprachdaten trainiert wurde.

Abschnitt II – Experimente: ASR drei- bis sechsjähriger Kinder im Deutschen

4 Evaluations-Set-Up

Dieses Kapitel beschreibt die Umgebung, in welcher die praktischen Experimente dieser Arbeit durchgeführt werden sowie notwendige Randbedingungen. Dazu gehört der verwendete Spracherkenner und seine Konfiguration (Abschnitt 4.1) sowie die Evaluationsdatenbasis (Abschnitt 4.2).

4.1 Spracherkenner

Die praktischen Experimente dieser Arbeit werden unter Verwendung des an der TU Dresden am IAS (Institut für Akustik und Sprachkommunikation) entwickelten UASR-Systems (Unified Approach to Speech Synthesis and Recognition) [113, 112, 58, 111, 57, 56, 217, 59, 213] durchgeführt. Das UASR-System ist ein System für die integrierte Sprachsynthese und -erkennung unter Nutzung gemeinsamer Datenbasen. Traditionell sind diese beiden Gebiete der Sprachsignalverarbeitung nicht miteinander verbunden, obwohl sie auf den ersten Blick das Gleiche, nur in jeweils umgekehrter Reihenfolge ausführen. Der Gedanke, ein System zu entwickeln, welches Technologien dieser beiden Wissenschaftsgebiete vereint und unter Nutzung einer gemeinsamen Datenbasis für den Spracherkennungs- sowie den Sprachsynthesezweig funktioniert, wurde mit dem UASR-System aufgegriffen und umgesetzt.

Das System ist hierarchisch aufgebaut und umfasst verschiedene Bearbeitungsebenen. Abbildung 4.1 zeigt schematisch den Aufbau des Systems. In dieser Arbeit wird nur der Spracherkennungszweig verwendet. Dadurch vereinfacht sich der Aufbau und lässt sich wie in Abbildung 4.2 darstellen. Die einzelnen Komponenten werden im Folgenden beschrieben.

4.1.1 Analysefilter

Das Analysefilter dient der Umwandlung des Sprachsignals in eine Merkmalvektorfolge. Dies wird sowohl während der Trainingsphase, als auch während der Erkennungsphase durchgeführt, wobei in dieser Arbeit zum Training Erwachsenensprachdaten aus der Verbmobil Datenbasis (Abschnitt 4.1.2) und zur Erkennung Daten aus einer kleinen Kindersprachdatenbasis (Abschnitt 4.2) verwendet werden. Dabei werden verschiedene Zwischenschritte abgearbeitet, welche im Folgenden beschrieben wer-

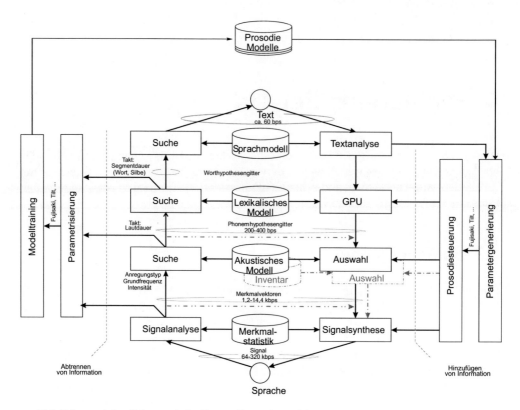

Abbildung 4.1 – Schematische Darstellung des UASR-Spracherkennungs- und Sprachsynthesesystems. Grafik nach [59].

den. Weiterführende Informationen sowie theoretische Hintergründe zur Signalanalyse können in [110, 198] nachgelesen werden.

Framing

Das zeitkontinuierliche Sprachsignal $x(t)$ wird an dieser Stelle bereits als zeitdiskretes Signal $x(k)$ betrachtet, welches zu den Abtastzeitpunkten $k = 1, ..., K$ mit der Anzahl der Abtastwerte K vorliegt.[1]

Die Daten, welche in dieser Arbeit verwendet werden (Trainings- sowie Evaluationsdaten) liegen in einer Abtastrate von $f_A = 16000$ Hz und einer Quantisierungstiefe von 16 Bit vor. Um die Daten in den Spektralbereich zu wandeln, werden zunächst Ab-

---

[1] Auf die Umwandlung des zeitkontinuierlichen Signals $x(t)$ in das zeitdiskrete Signal $x(k)$ wird in dieser Arbeit nicht weiter eingegangen. Informationen finden sich in [110].

4.1 Spracherkenner

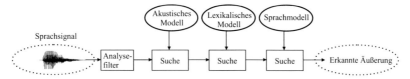

Abbildung 4.2 – Reduzierte Darstellung des Spracherkennungszweiges des UASR-Systems.

schnitte festgelegt, für welche im Folgenden die Kurzzeitspektralanalyse durchgeführt wird. Dafür wird ein Analysefenster, welches 400 Abtastwerte umfasst, verwendet. Dieses Fenster wird für jeden Abschnitt um 160 Abtastwerte im Zeitsignal weiter gerückt. Somit entsteht eine zeitliche Auflösung von 100 Fenstern (später 100 Merkmalvektoren) pro Sekunde, was einer zeitlichen Auflösung von 10 ms entspricht. Das geframte Zeitsignal kann als $\boldsymbol{x}(a)$ mit dem Frameindex $a = 1, ..., A$ und der Anzahl der Analysefenster A angegeben werden.

Spektralanalyse

Die 400 Abtastwerte umfassenden Abschnitte werden mit einem Blackman-Fenster bewertet und anschließend durch Zeropadding mit 112 Nullen auf eine Signallänge von $N = 512$ Werten aufgefüllt. Diese Signalabschnitte werden dann jeweils durch Fast Fourier Transformation (FFT) in den Frequenzbereich überführt, wodurch das komplexe Spektrum $\underline{X}(n)$ mit einer Frequenzauflösung von $\Delta f = \frac{f_\mathrm{A}}{N} = 31,5$ Hz entsteht. Daraus wird das Amplitudenspektrum $|\underline{X}(n)|$ gebildet und anschließend die Werte logarithmiert. Die Aneinanderreihung der dadurch entstandenen Kurzzeitspektralabschnitte (positiver Teil, $N = 256$) bildet das Spektrogramm $|\underline{\boldsymbol{X}}(a)|$.

Merkmalextraktion

Das Spektrogramm $|\underline{\boldsymbol{X}}(a)|$ wird nun mittels Merkmalextraktion in eine Merkmalvektorfolge $\vec{x}(a)$ überführt. Die Merkmalextraktion dient dabei zum einen der Dimensionsreduktion der Vektoren (von 256 auf 30) und zum anderen der Anpassung an menschliche Höreigenschaften.

In verschiedenen psychoakustischen Studien wurde das menschliche Tonhöhenempfinden untersucht und dokumentiert. Aus den Studien sind verschiedene Skalen hervorgegangen, welche das lineare Frequenzspektrum in ein lineares Tonhöhenempfinden des Menschen umrechnen sollen. Weiterhin existieren verschiedene Funktionen, welche diese Skalen approximieren. Die resultierenden Funktionen weichen dabei leicht voneinander ab, folgen aber alle grob einem ähnlichen Verlauf. Eine weit verbreitete Skala ist die Mel-Skala [197]. Sie bildet die Frequenz und die dabei empfundene Tonhöhe bis ca. 1 kHz näherungsweise linear ab und geht für höhere Frequenzen in eine logarithmische Abbildung über [214]. Der Verlauf von weiteren Funktionen zur Anpassung an menschliche Höreigenschaften sowie möglicher Approximationen ist in [59] abgebildet. Weiterführende Informationen zur psychoakustischen Wahrnehmung des Menschen im Allgemeinen können in [73] nachgelesen werden.

Im UASR-System sind verschiedene Verfahren zur Merkmalextraktion implementiert. Aus Gründen der Übersichtlichkeit werden an dieser Stelle lediglich zwei Konfigurationen beschrieben, welche in dieser Arbeit Anwendung finden. Ein Überblick über weitere Verfahren findet sich in [198].

- **Variante 1 – Mel-ähnliche Skalierung und cepstrale Glättung**

    Das Verfahren ist ausführlich in [214] beschrieben und wird im Folgenden auf Grundlage dessen verkürzt dargestellt. Es dient der Erzeugung 30-dimensionaler Merkmalvektoren, die das Spektrogramm in einer Mel-ähnlichen Skalierung abbilden. Aufgrund der Dimensionsreduktion werden die Informationen von mehreren Elementen eines Vektors des Spektrogramms jeweils in einem Element des Merkmalvektors zusammengefasst. Die Zusammenfassung erfolgt mit einer Methode, welche gleichzeitig eine cepstrale Glättung des Spektrums bewirkt.

    Die cepstrale Glättung hat das Ziel, den Einfluss der Grundfrequenz auf das Spektrum (periodische Fortsetzung der Grundfrequenz) zu unterdrücken. Betrachtet man das Spektrum als Folge von diskreten Zahlenwerten, dann stellt die periodisch darin auftretende Grundfrequenz eine hochfrequente Schwingung dar, welche mittels Tiefpassfilterung entfernt werden kann. (Da es sich um kein Signal im Zeitbereich, sondern um ein Signal im Frequenzbereich handelt, wird die durchgeführte Operation als Lifterung anstelle von Filterung bezeichnet.) Dies kann realisiert werden, indem man das Spektrum mittels Fourier-Transformation in den Cepstralbereich transformiert und dort mit der Übertragungsfunktion des cepstralen Tiefpasses (z. B. einer Rechteck-Funktion) multipliziert. Um die Transformation in den Cepstralbereich zu umgehen, wird die Rechnung beim UASR-System direkt im Frequenzbereich durchgeführt, wodurch aus der Multiplikation des Cepstrums mit einer Rechteckfunktion (Übertragungsfunktion des cepstralen Tiefpasses) eine Faltung des Spektrums mit einer Spaltfunktion (Fourier-Rücktransformierte des cepstralen Tiefpasses) wird.

    Die Mel-ähnliche Skalierung gibt dabei vor, welche Elemente eines Vektors des Spektrogramms zu einem Element des Merkmalvektors zusammengefasst werden sollen. Daraus ergibt sich die Lage und Breite der Spaltfunktion mit der das Spektrum, zur Erstellung dieses Merkmalvektorelements, gefaltet werden soll. Das Verfahren wird für alle Filterbankkanäle mit einer jeweils individuell angepassten Spaltfunktion durchgeführt, wodurch sich der Merkmalvektor $\vec{x}$ ergibt. Die Aneinanderreihung der Merkmalvektoren ergibt dann die Merkmalvektorfolge $\vec{\boldsymbol{x}}(a)$.

4.1 Spracherkenner

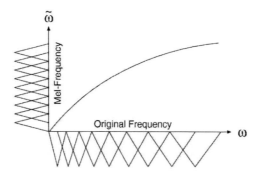

Abbildung 4.3 – Schematische Darstellung der MEL-Verzerrung sowie der Dreiecksfunktionen zur Erstellung eines Merkmalvektors. Grafik aus [147].

- **Variante 2 – Bilineare Verzerrung und Dreiecksfilterung**

  Wie bereits einleitend in diesem Abschnitt erwähnt wurde, werden die Skalen zur Anpassung an die menschlichen Höreigenschaften häufig approximiert. In [194] wird gezeigt, dass dies mithilfe der Bilineartransformation durchgeführt werden kann, wobei der dafür benötigte Verzerrungsfaktor von der Abtastrate f_A abhängig ist. Für $f_A = 16000\,\mathrm{Hz}$ und Verwendung der Gleichung (3.7) ist dieser mit dem Wert 0,47 zu wählen, um eine bestmögliche Approximation der Mel-Skala zu erhalten[198]. Weitere Informationen können [198] entnommen werden.

  Eine weitere Form der Vereinfachung stellt das Ersetzen der Spaltfunktionen aus Variante 1 durch Dreiecksfunktionen dar. Diese werden in äquivalenter Art und Weise mit dem Spektrum gefaltet und bestimmen somit die Auswahl und Bewertung der Spektralabschnitte, welche dann in einem Filterbankkanal zusammengefasst werden. Dies ist schematisch in Abbildung 4.3 dargestellt. Die Auswirkungen dieses Verfahrens auf den Cepstralbereich werden an dieser Stelle nicht betrachtet. Weiterführende Informationen sowie Informationen über die Zusammenhänge zwischen Mel-Skala, bilinear approximierter Mel-Skala sowie verschiedenen Filterbankfunktionen finden sich in [198].

Die Merkmalvektorfolge $\vec{x}(a)$ wird im Folgenden mit $\mathbf{X}$ bezeichnet.

Sekundäre Merkmalanalyse

Die bisher beschriebenen Verfahren lassen sich der primären Merkmalanlyse zuordnen. Das Signal wird, nachdem es diese Schritte durchlaufen hat, noch weiteren Operationen unterzogen (z. B. Hauptkomponentenanalyse), welche sich der sekundären Merkmalanalyse zuordnen lassen. Da diese Punkte für die vorliegende Arbeit nicht relevant sind, werden sie an dieser Stelle nicht näher erläutert.

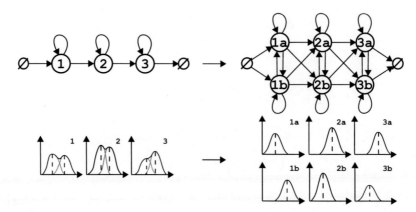

Abbildung 4.4 – Darstellung der Struktur von HMM (links) und SMG (rechts). Grafik nach [59].

4.1.2 Akustisches Modell

Die akustische Ebene des UASR-Systems wird mit stochastischen Markov-Graphen (SMG) modelliert. Diese sind in Hidden-Markov-Modelle (HMM), welche sonst in der Spracherkennung Anwendung finden, umrechenbar, bieten ihnen gegenüber jedoch einige Vorteile. HMM werden bei mehreren Gauß-Verteilungen pro Zustand auch als Gauß-Mischverteilungen (engl. GMM – Gaussian Mixture Model) bezeichnet. In einem SMG wird jeweils nur eine Gauß-Verteilung pro Zustand dargestellt, dafür aber entsprechend viele parallele Zustände erzeugt. Unter Beachtung der jeweiligen Übergangswahrscheinlichkeiten sind somit HMM und SMG mathematisch identisch und ineinander umrechenbar. Ein Vorteil des SMG ergibt sich daraus, dass durch Versäuberungsstrategien nicht genutzte Zustandsübergänge entfernt werden können und sich somit eine angepasste verkleinerte Struktur ergibt. Ein weiterer Vorteil ist, dass Kontextinformationen (also welcher Zustand folgt auf welchen Zustand, genau genommen welche Gaußverteilung eines Zustands folgt auf welche Gaußverteilung eines Zustands) mit modelliert werden können. Dies ist bei HMMs nicht der Fall. Für Phonemgrenzen kann dies zwar durch Nutzung von Di- oder Triphon-HMMs nachgebildet werden, für Zustandsübergänge innerhalb eines Phonems ist die Kontextinformation allerdings weiterhin nicht darstellbar. Weitere Informationen sind [59] zu entnehmen. Die prinzipielle Struktur von HMM und SMG ist in Abbildung 4.4 dargestellt.

Mit Hilfe der SMGs werden in dieser Arbeit 43 verschiedene Phoneme modelliert. Dies entspricht einem reduzierten SAMPA-Alphabet sowie weiteren Zeichen für Pause und Müll.[2] Die Phoneme sind in Tabelle 6.1 im Anhang aufgelistet.

---

[2] Eine vollständige Definition des SAMPA-Alphabets findet sich in [89].

Training des akustischen Modells

Ausgangspunkt des Trainings ist eine Menge annotierter Sprachdaten, welche nach dem Analysefilter bereits in Form von Merkmalvektorfolgen vorliegen. Ziel des Trainings ist es mithilfe dieser Daten die bereits beschriebenen SMGs, welche die einzelnen Phoneme modellieren, zu erstellen. Prinzipiell kommen dafür verschiedene Verfahren in Frage. Im UASR-System wird ein Verfahren angewendet, welches in [59] beschrieben ist. Das Verfahren besteht aus mehreren Teilschritten und lässt sich wie folgt beschreiben:

1. Das Training beginnt mit einer Initialisierung und dem Viterbi-Training von HMMs mit je einer Gaußfunktion pro Zustand. Das Viterbi-Training wird iterativ absolviert, wobei eine Segmentierung der Trainingsdaten auf Zustandsebene und Neuberechnung der Gaußfunktionen erfolgt

2. Nach einer vorgegebenen Anzahl an Viterbi-Iterationen werden alle Gaußfunktionen entlang der Achse ihrer größten Streuung in zwei Bereiche aufgeteilt (gesplittet) und jeweils neue Gaußfunktionen für die zwei Bereiche mit iterativem Viterbi-Training ermittelt. Dabei wird die Menge der Zustände verdoppelt, sodass jedem Zustand genau eine Gaußfunktion zugeordnet wird und ab diesem Punkt die Phoneme mit SMGs, anstelle von GMMs dargestellt werden.

3. Nun werden nicht genutzte Kanten entfernt. Dadurch können offene Zweige entstehen. Ist dies der Fall, werden die damit verbundenen Gaußverteilungen ebenfalls entfernt.

4. Die Schritte 2. und 3. werden so oft wiederholt, bis eine gewünschte Anzahl an SMG-Zuständen erreicht ist oder eine Aufspaltung der Gaußverteilungen keinen Sinn mehr macht, da dann zu wenige Trainingsdaten pro Zustand zur Verfügung stehen.

Während des Trainings lässt sich die mit dem derzeitigen Modell erzielte Phonemerkennungsrate ermitteln. Die Erkennungsrate fällt dabei nach jedem Split ein klein wenig ab, steigt dann mit jeder Viterbi-Iteration weiter an (höher als vor dem Split) und verändert sich nach einer gewissen Anzahl an Iterationen nur noch unwesentlich. Ab diesem Zeitpunkt wird der nächste Split ausgeführt. Wenn zu oft gesplittet wird, fällt die Erkennungsrate wieder ab, da dann nicht mehr genügend Trainingsdaten für die Berechnung der einzelnen Zustände zur Verfügung stehen (vgl. [59]). Je mehr Trainingsdaten zur Verfügung stehen, desto häufiger kann gesplittet werden und entsprechend höhere Erkennungsraten können erzielt werden. Jedoch steigt für große Trainingsdatenbasen der Zeitaufwand stark an. Aus diesem Grund ist ein Kompromiss zwischen Anzahl an Trainingsdaten sowie damit verbundener Erkennungsrate und Aufwand des Trainings sowie dafür benötigter Zeit zu wählen. In dieser Arbeit werden in den meisten Experimenten Modelle verwendet, die jeweils aus 8 Gaußverteilungen pro Zustand (also nach 3 Splits) bestehen. Die Anzahl der Iterationen richtet sich jeweils nach der im Training erzielten Phonemerkennungsrate, wobei das Modell gewählt wird, welches die höchste Phonemerkennungsrate erzielt. Dadurch variiert die Iterationszahl der Modelle in den Versuchen ein wenig.

Des Weiteren treten bei dem Training des akustischen Modells im UASR-System einige Besonderheiten auf, die mit der Umkehrbarkeit des Systems als Sprachsynthetisator in Zusammenhang stehen. Die Aufgabe eines Spracherkenners ist es, Sprache möglichst unabhängig von dem jeweiligen Sprecher und dem jeweiligen Sprechstil zu erkennen. Demnach werden diese Informationen bei normalen Spracherkennungssystemen nicht benötigt und verworfen. Damit das UASR-System in der Lage ist, möglichst natürlich klingende Sprache aus den akustischen Phonem-Modellen zu erzeugen, werden diese Informationen im Synthesezweig des Systems benötigt und müssen beim Training der akustischen Modelle abgespalten und gesondert gespeichert werden. Weitere Einzelheiten zum Training des UASR-Systems sind [59] zu entnehmen.

Trainingsdaten

Zum Training des akustischen Modells werden Daten aus der Verbmobil-Datenbank verwendet. Die Verbmobil-Datenbank besteht aus zwei Teilen (Verbmobil I[3] und Verbmobil II[4]) und beinhaltet Sprachdaten spontansprachlicher Dialoge zur Terminabsprache in Deutsch, Englisch und Japanisch. Von diesen Daten ist der deutschsprachige Teil (47 h Sprache von erwachsenen männlichen und weiblichen Sprechern) am IAS der TU Dresden verfügbar. Dieser besteht aus 32379 Dialogbeiträgen, von denen in dieser Arbeit 32337 (zu ca. gleichen Teilen von Frauen und Männern) zum Training verwendet werden. Weitere Informationen zum Verbmobil-Projekt finden sich in [209].

4.1.3 Lexikalisches Modell

Zur Umsetzung der lexikalischen Modellierung wird ein Aussprachewörterbuch verwendet. Dieses enthält alle 35 Wortklassen, die in dieser Arbeit zur Erkennung verwendet werden sowie die dazugehörige Aussprache. Es dient somit der Verknüpfung der orthografischen Schreibweise eines Wortes und der konkreten phonetischen Realisierung. Generell sind mehrere Aussprachevarianten pro Wort möglich. In dieser Arbeit wird mit einer Aussprachevariante pro Wort gearbeitet. Die konkreten Wörter und ihre Aussprache sind in Tabelle 4.1 aufgeführt.

---

[3]Verbmobil I umfasst Sprachdaten von 1261 Sprechern, welche aus 2192 Aufnahmesitzungen stammen. Das Korpus ist 9 GB groß und enthält 30646 Dialogbeiträge auf 15 CD-R[5].

[4]Verbmobil II umfasst Sprachdaten von 445 Sprechern, welche aus 810 Aufnahmesitzungen stammen (ohne Emotionssprache). Das Korpus ist 17,6 GB groß und enthält 58961 Dialogbeiträge auf 39 CD-R sowie 3 weitere CD-R Emotionssprache[6].

Tabelle 4.1 – Aussprachelexikon der 35 Wortklassen, welche in dieser Arbeit verwendet werden.

Nr.	Lexikoneintrag	Aussprache	Nr.	Lexikoneintrag	Aussprache
1	Ameise	a:maIz@	19	Rutsche	rUtS@
2	Apfel	apf@l	20	rutschen	rUtS@n
3	Ball	bal	21	Sand	zant
4	Bauernhof	baU6nho:f	22	Sandkasten	zantkast@n
5	Baum	baUm	23	Schaufel	SaUf@l
6	Eichhörnchen	aICh9rnC@n	24	Schaukel	SaUk@l
7	Eimer	aIm6	25	schaukeln	SaUk@ln
8	Eule	OYl@	26	Schuhe	Su:@
9	Förmchen	f2rmC@n	27	Sieb	zi:p
10	Fuchs	fUks	28	Sonnenblume	sOn@nblu:m@
11	Hahn	ha:n	29	Specht	SpECt
12	hallo	halo:	30	Spinne	SpIn@
13	Igel	i:g@l	31	Tasche	taS@
14	ja	ja:	32	Trecker	trEk6
15	Katze	kats@	33	Vogel	fo:g@l
16	Kipper	kIp6	34	Wiese	vi:z@
17	Kuh	ku:	35	Wippe	vIp@
18	nein	naIn			

4.1.4 Sprachmodell und Grammatik

Das UASR-System ist in der Lage mit komplexen Grammatiken oder Sprachmodellen zu arbeiten und somit kontinuierlich gesprochene Sprache zu erkennen. In dieser Arbeit wird es als Einzelworterkenner eingesetzt, wobei die in Tabelle 4.1 aufgeführten Wörter erkannt werden können. Zur Umsetzung dieser Funktionalität wird eine kleine einfache Grammatik verwendet, welche die Einzelworterkennung abbildet. Die Grammatik besteht aus einem Anfangs- und einem Endzustand sowie 37 gleich wahrscheinlichen Zustandsübergängen. 35 dieser Zustandsübergänge verlaufen vom Anfangs- zum Endzustand, wobei die Transition durch die Erkennung eines der 35 Wörter aus dem Lexikon ausgelöst wird. Zwei weitere Zustandsübergänge sind Selbsttransitionen am Start- sowie Endzustand durch das Erkennen von Pause.

4.1.5 Erkennungsvorgang

Die Zusammenschaltung von akustischen, lexikalischen und Sprachmodell erzeugt das Erkennungsnetzwerk. Ziel des Erkennungsvorgangs ist es, eine unbekannte Äußerung in Form einer Merkmalvektorfolge **X** bestmöglich auf das Erkennungsnetzwerk abzubilden. Das bedeutet, die Zustandsfolge im Erkennungsnetzwerk zu finden, welche am wahrscheinlichsten die gegebene Merkmalvektorfolge erzeugt. Aus den Phonemzugehörigkeiten dieser Zustandsfolge ergibt sich eine Phonemfolge, die in dieser Arbeit genau einem Eintrag im Aussprachewörterbuch entspricht und das erkannte Wort darstellt.

Die Fundamentalformel der Spracherkennung

$$\hat{\mathbf{W}} = \underset{\mathbf{W}}{\operatorname{argmax}}\, P(\mathbf{W}|\mathbf{X}), \tag{4.1}$$

welche, durch Anwendung der Bayes-Regel auch als

$$\hat{\mathbf{W}} = \underset{\mathbf{W}}{\operatorname{argmax}}\, \frac{p(\mathbf{X}|\mathbf{W}) \cdot P(\mathbf{W})}{p(\mathbf{X})} \tag{4.2}$$

dargestellt werden kann, kann durch Weglassen der A-priori-Beobachtungswahrscheinlichkeit der Merkmalvektorfolge $p(\mathbf{X})$ weiter vereinfacht werden, da diese während der Erkennung konstant und somit für die Maximierung unerheblich ist [177]. Dadurch ergibt sich

$$\hat{\mathbf{W}} = \underset{\mathbf{W}}{\operatorname{argmax}}\, p(\mathbf{X}|\mathbf{W}) \cdot P(\mathbf{W}). \tag{4.3}$$

Da aufgrund der Einzelworterkennung nicht die wahrscheinlichste Wortfolge $\hat{\mathbf{W}}$, sondern nur das am wahrscheinlichsten gesprochene Wort $\hat{W}$ gesucht wird, kann die Wortfolgewahrscheinlichkeit $P(\mathbf{W})$ ebenfalls weggelassen werden, wodurch sich

$$\hat{W} = \underset{W}{\operatorname{argmax}}\, p(\mathbf{X}|W) \tag{4.4}$$

ergibt.

Somit steckt im Erkennungsnetzwerk die Information, durch welche Merkmalvektorfolgen die jeweiligen Lexikoneinträge am wahrscheinlichsten repräsentiert werden, kodiert und der Erkennungsvorgang dekodiert eine aufgetretene Merkmalvektorfolge und liefert den wahrscheinlichsten Lexikoneintrag.

Zur Dekodierung kommen verschiedene Verfahren in Frage. Üblicherweise wird der Viterbi-Algorithmus auf das komplette Erkennungsnetzwerk angewendet. Im UASR-System wird ein Verfahren angewendet, welches davon etwas abweicht. Das Verfahren wird in [59] dargestellt und im Folgenden kurz erläutert.

Im UASR-System wird ebenfalls der Viterbi-Algorithmus angewendet, allerdings mit dem Unterschied, dass nicht global die wahrscheinlichste Phonemfolge (für die gegebene Merkmalvektorfolge) im Ganzen bestimmt wird, sondern, dass Teilhypothesen über die Zugehörigkeit von Abschnitten der Merkmalvektorfolge zu den einzelnen Phonemen im Erkennungsnetzwerk erzeugt werden. (Es liegen also Hypothesen (Wahrscheinlichkeiten) für die Zugehörigkeit von jedem Merkmalvektor zu verschiedenen Phonemen parallel vor.) Die Verkettung der Teilhypothesen führt zum Phonemhypothesengraph, aus welchem nun zusätzlich zur besten Phonemfolge auch verschiedene weitere mögliche Phonemfolgen für die gegebene Merkmalvektorfolge abgelesen werden können. Verschiedene (meist zeitliche) Randbedingungen für die Teilhypothesen sowie für deren Verkettung schränken die Möglichkeiten zur Erzeugung des Phonemhypothesengraphen ein und führen dazu, dass nicht mehr alle potentiell möglichen Pfade des Erkennungsnetzwerkes abgebildet werden. Zu diesen Randbedingungen gehören eine phonembezogene Mindest- und Maximaldauer, erlaubte zeitliche Überlappungen oder Lücken beim Zusammenfügen von Hypothesen sowie die Berücksichtigung von Bigramm-Wahrscheinlichkeiten für aufeinander folgende Phoneme (vgl. [59]).

Das hypothesenbasierte Vorgehen bietet dem Entwickler den Vorteil, Zwischenergebnisse auf den verschiedenen Ebenen betrachten zu können. Des Weiteren werden laut [59] mit diesem Verfahren gute Ergebnisse in Bezug auf Rechenzeit und Erkennungsrate erzielt. Dies wird mit der frühzeitigen Einschränkung des Suchraums aufgrund der Verwendung von a-priori-Wissen in Form der zeitlichen Randbedingungen begründet.

In Kapitel 3 wurden bereits verschiedene Angaben zur Beurteilung der Erkennungsgenauigkeit verwendet. Diese ergeben sich aus den unterschiedlichen Erkennungsaufgaben (Einzelworterkennung, Erkennung kontinuierlich gesprochener Sprache, etc.) In dieser Arbeit wird die Worterkennungsrate WRR (word recognition rate) nach Gleichung

$$\text{WRR} = \frac{C}{N} \tag{4.5}$$

verwendet, wobei C die Anzahl korrekt erkannter Wörter und N die Anzahl der durchgeführten Erkennungsläufe darstellt.

4.2 Evaluationsdaten

Nachdem der Spracherkenner beschrieben ist, werden an dieser Stelle die Daten vorgestellt, welche in den nachfolgenden Versuchen zur Erkennung verwendet werden.

Wie bereits in Abschnitt 3.2.1 beschrieben wurde, ist das Anfertigen von Sprachaufnahmen junger Kinder mit einigen Herausforderungen verbunden, die in der Regel dazu führen, dass die Sprachaufnahmen deutlich mehr Zeit in Anspruch nehmen, als beim Aufnehmen von Erwachsenensprache. Hinzu kommt, dass sich junge Kinder häufig nicht sehr lange konzentrieren können (Erfahrungen beim Anfertigen der Datenbasis: 5 bis 10 Minuten). Als Resultat dessen werden häufig relativ kleine Korpora erstellt, so wie auch in dieser Arbeit.

4.2.1 Beschreibung der Daten

Das Korpus, welches in dieser Arbeit verwendet wird, besteht aus einzelnen Wörtern. Diese bilden den Wortschatz, welcher in den nachfolgenden Versuchen zur Erkennung verwendet wird und wurden bereits in Tabelle 4.1 aufgeführt. Die Auswahl der Worte stammt aus einem früheren Forschungsprojekt, in welchem es um die Entwicklung eines interaktiven Lernspielzeugs für Kinder ging. Grundlage für die Auswahl der Wörter war eine Geschichte, die in Form eines Bilderbuchs mit Bildern aus dem Kinderduden zusammengestellt wurde. Aus der Geschichte ergaben sich die 35 Wortklassen, wobei darauf geachtet wurde, Wörter auszuwählen, welche in der kindlichen Entwicklung eine Rolle spielen.

Für Vergleichszwecke wurden die Daten sowohl von Kindern als auch von Erwachsenen aufgenommen. Jeder der Teile beinhaltet Daten von 10 Sprechern (fünf Männer und fünf Frauen, bzw. fünf Mädchen und fünf Jungen), die die 35 Wortklassen jeweils dreimal gesprochen haben. Die Erwachsenensprecher befanden sich zum Zeitpunkt der Aufnahme im Alter zwischen 24 und 57 Jahren und die Kindersprecher waren im Alter zwischen drei und sechs Jahren. Die Aufnahmen wurden in 16 Bit, 16 kHz, einkanalig aufgenommen und jede Wortrealisierung von jedem Sprecher in einer eigenen Audio-Datei abgespeichert.

Da es sich um eine Datenbasis einzelner Wörter handelt, spiegeln sich darin nicht alle der in Kapitel 2 beschriebenen Eigenschaften von Kindersprache wider. Demzufolge sind anatomisch bedingte Eigenschaften der Kindersprache enthalten. Eigenschaften aufgrund der sprachlichen Fähigkeiten sind jedoch nur bis zur Lautebene enthalten. Auf Wortebene wurde der Wortschatz zwar kindgerecht vorgegeben, lässt aufgrund der Einheitlichkeit aber keine weiteren Schlüsse über die Wortkenntnis der Kinder zu. Diese Eigenschaften geben die mögliche Untersuchungsrichtungen für die nachfolgenden Experimente vor.

4.2.2 Durchführung der Aufnahmen

Die Aufnahmen wurden für Kinder und Erwachsene unterschiedlich durchgeführt. Erwachsene mussten die Wörter von einer Wortliste ablesen, wobei sie die drei Realisierungen pro Wort, mit einer kurzen Pause von ca. zwei Sekunden, hintereinander sprechen mussten. Die Wörter sollten ohne besondere Betonung gesprochen werden. Jedoch sollte das dreimalige Hintereinander Sprechen desselben Wortes dafür sorgen, dass, falls sich eine rhythmische satzähnliche Sprechweise bei einem Sprecher einstellt, das gleiche Wort einmal in beginnender, einmal in mittlerer und einmal in finaler "Satzposition" gesprochen wird. Die Aufnahmen wurden aber nicht daraufhin kontrolliert.

Die Sprachaufnahmen der Kinder wurden in ähnlicher Weise durchgeführt, wobei der wesentliche Unterschied darin bestand, dass die Kinder die Wörter nicht abgelesen haben, sondern dass ein Erwachsener das Wort vorgesprochen hat und die Kinder dieses dann dreimal wiederholen mussten. Dies wurde aus demselben Grund wie bei den Erwachsenen getan, wodurch sich in manchen Fällen leicht variierende Betonungen desselben Wortes ergeben haben. Das Verfahren weicht damit ein klein wenig von dem bereits in Abschnitt 3.2.1 beschriebenen Verfahren anderer Forscher ab, in welchen ein

4.2 Evaluationsdaten

Erwachsener das Wort vorspricht und das Kind dieses einmal wiederholt.

Da junge Kinder in fremder Umgebung manchmal zu schüchtern sind, um laut und deutlich zu sprechen, wurden die Aufnahmen der Kinder bei ihnen zu Hause durchgeführt. Die Aufnahmen der Erwachsenen wurden ebenfalls zu Hause, im Studio oder im reflexionsarmen Raum durchgeführt. Alle Aufnahmen wurden in stiller Umgebung unter Verwendung eines Headset-Mikrofons angefertigt.

5 Anpassungen auf akustischer Ebene

In Kapitel 2 wurden bereits die Eigenschaften von Kindersprache erläutert und in Kapitel 3 wurde gezeigt, welche Verfahren bisher in der Wissenschaft untersucht wurden, um das Erkennen von Kindersprache zu verbessern. In diesem Kapitel werden nun darauf aufbauend weitere Untersuchungen angestellt, die zu einer Erhöhung der Erkennungsleistung im Erkennen von Kindersprache führen können.

5.1 Ausgangszustand

Der Versuchsaufbau, welcher in dieser Arbeit verwendet wird, wurde bereits im vorangegangenen Kapitel beschrieben. Im Ausgangszustand werden damit die in Tabelle 5.1 dargestellten Ergebnisse im Erkennen von Kinder- und Erwachsenensprache erzielt. Es ist deutlich zu erkennen, dass der Spracherkenner für das Erkennen von Kindersprache sehr viel schlechtere Ergebnisse liefert als für das Erkennen von Erwachsenensprache. Dies liegt an der unangepassten Bedingung der Trainings- und Testdaten im Falle des Erkennens von Kindersprache. Im Folgenden gilt es, diese Unangepasstheit so gut wie möglich zu beseitigen.

In praktischen Anwendungssituationen besteht oftmals die Herausforderung, dass der Sprecher, welcher erkannt werden soll, dem System nicht bekannt ist. Daraus ergibt sich die Schwierigkeit der sprecherunabhängigen Spracherkennung. In dieser Arbeit ist es jedoch das Ziel, die Spracherkennungsleistung speziell für die Sprechergruppe drei- bis sechsjähriger Kinder zu verbessern. Somit wird eine allgemeine Anpassung auf akustischer Ebene als sinnvoll erachtet, auch wenn dadurch die Erkennungsleistung für Erwachsenensprache sinkt. Maßnahmen, die zur Optimierung der Erkennungsleistung für Erwachsene und Kinder gleichzeitig führen, können darauf aufbauend durchgeführt werden, sind aber nicht Gegenstand dieser Arbeit.

Da speziell für junge Kinder häufig keine oder nur wenige Sprachdaten zur Verfügung stehen, werden Verfahren betrachtet, die ohne Kindersprachdaten zum Training des Spracherkenners auskommen. Somit ergibt sich die Untersuchung von Methoden zur Vokaltraktlängennormierung.

Tabelle 5.1 – Erkennungsergebnisse im Ausgangszustand.

WRR [%]	
Erwachsene	Kinder
90,5	48,2

5.2 Bilineare VTLN

In Abschnitt 4.1.1 wurde bereits beschrieben, dass in dem Spracherkenner ein Verfahren zur Merkmalextraktion implementiert ist, mit welchem die Mel-Skala mittels bilinearer Verzerrung nach Gleichung (3.7) unter Verwendung eines Verzerrungsfaktors mit dem Wert $0,47$ approximiert werden kann. Da in nachfolgenden Experimenten der Verzerrungsfaktor α zur Beschreibung der stückweise linearen Verzerrung verwendet wird, wird der Verzerrungsfaktor zur Beschreibung der bilinearen Verzerrung im Folgenden mit λ bezeichnet. Somit wird Gleichung (3.7) zu:

$$\tilde{z}(z) = \frac{z - \lambda}{1 - \lambda z}. \tag{5.1}$$

Da eine Vokaltraktlängennormierung ebenfalls mit einer bilinearen Verzerrung durchgeführt werden kann, ist es naheliegend, beide Rechenschritte an dieser Stelle zu einem zusammenzufassen und beide Verzerrungen gemeinsam auszuführen. Der Verzerrungsfaktor λ ergibt sich in diesem Fall nach

$$\lambda = \frac{\lambda_{\mathtt{Mel}} - \lambda_{\mathtt{VTLN}}}{1 - \lambda_{\mathtt{Mel}} \lambda_{\mathtt{VTLN}}} \tag{5.2}$$

als Kombination des Verzerrungsfaktors zur Approximierung der Mel-Skala $\lambda_{\mathtt{Mel}}$ und dem Verzerrungsfaktor zur Vokaltraktlängennormierung $\lambda_{\mathtt{VTLN}}$. Da durch das Zusammenfassen beider Rechenschritte kein zusätzlicher Rechenaufwand durch die VTLN entsteht, ist es frei gestellt, ob die VTLN während des Trainings auf die Trainingsdaten oder während der Erkennung auf die Testdaten angewendet wird. Die Anpassung der Trainingsdaten hat jedoch eine Neuberechnung des akustischen Modells zur Folge, welche sehr rechen- und somit zeitaufwendig ist (bei den verwendeten Modell und den gegebenen Voraussetzungen ca. 4 Wochen). Um dies zu umgehen werden in diesem Versuch die Testdaten verzerrt. Abbildung 5.1 zeigt die Erkennungsrate zum Erkennen von Erwachsenen- und Kindersprache in Abhängigkeit von λ, bzw. $\lambda_{\mathtt{VTLN}}$ für $\lambda_{\mathtt{Mel}} = 0,47$. Es ist gut zu erkennen, dass ohne Anwendung einer VTLN ($\lambda_{\mathtt{VTLN}} = 0$) eine angepasste Bedingung für Erwachsenensprache vorliegt. Die Abweichung der WRR an dieser Stelle (85,2 %) vom Ausgangszustand (90,5 %) liegt an der unterschiedlichen Umsetzung der Mel-Skalierung bei den Trainings- und Testdaten. Dies liegt daran, dass ein akustisches Modell verwendet wird, welches mithilfe des Merkmalextraktionsverfahrens nach Variante 1 erstellt wurde. Aufgrund der Zusammenfassung der Mel-Verzerrung und der VTLN-Verzerrung werden die Testdaten zur Erkennung jedoch

5.2 Bilineare VTLN

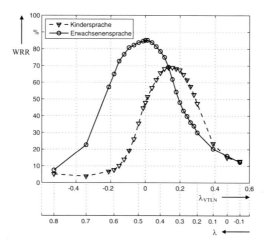

Abbildung 5.1 – Erkennungsergebnisse zum Erkennen von Erwachsenen- und Kindersprache unter Verwendung einer VTLN mit bilinearer Verzerrung in Abhängigkeit von λ_{VTLN} obere Skala, bzw. λ untere Skala.

mithilfe des Merkmalextraktionsverfahrens nach Variante 2 berechnet (vgl. Abschnitt 4.1.1). Daraus ergibt sich eine Abweichung zwischen den Test- und den Trainingsdaten, die zu einer reduzierten Erkennungsrate führt. Die Abweichung bei $\lambda_{\text{VTLN}} = 0$ ist bei dem Erkennen von Erwachsenensprache deutlich zu erkennen. Für das Erkennen von Kindersprache ergibt sich jedoch keine Abweichung. Dies wird damit begründet, dass die akustischen Unterschiede zwischen Erwachsenen- und Kindersprache in diesem Fall so groß sind, dass sich der Einfluss des unterschiedlichen Merkmalextraktionsverfahrens bei den Test- und Trainingsdaten nicht weiter auswirkt. Die Anwendung der Variante 2 auf die Trainingsdaten würde voraussichtlich bessere Ergebnisse im Erkennen von Erwachsenensprache liefern, wird jedoch an dieser Stelle nicht betrachtet. Die nachfolgenden Experimente verwenden einheitlich immer dasselbe Verfahren (Variante 1) für die Test- und die Trainingsdaten.

Weiterhin ist zu erkennen, dass die Vergrößerung von λ_{VTLN}, ausgehend von $\lambda_{\text{VTLN}} = 0$ zu einer Erhöhung der WRR bei den Kinderdaten führt, die maximal erzielte WRR jedoch unter der für Erwachsenendaten liegt. Dieses Ergebnis deckt sich mit den Ergebnissen anderer Forscher in der Literatur (vgl. Abschnitt 3.4). Warum dies so ist, kann vielfältige Ursachen haben, wie z. B. die absolute Lage der Formantfrequenzen, ein Einfluss der Grundfrequenz sowie eine undeutliche Aussprache der Kinder, etc. (vgl. Kapitel 2). Im Folgenden soll die absolute Lage der Formantfrequenzen genauer betrachtet werden.

5.3 Theoretische Betrachtungen

5.3.1 Zur Diskrepanz von theoretischem Wissen und praktischer Umsetzung

In Abschnitt 2.1.2 wurde bereits dargestellt, dass sich die Skalierungsfaktoren für die einzelnen Formanten zwischen Kindern und Erwachsenen (insbesondere Männern) phonem- und formantspezifisch verhalten. Dies wurde bereits von einigen Wissenschaftlern in phonetischen Studien festgestellt, z. B. [71, 92]. Ebenso wurde dies von Wissenschaftlern in Veröffentlichungen zu ASR-Untersuchungen erwähnt [168, 16, 140, 62]. Dennoch wurden weder in diesen Untersuchungen, noch in anderen dem Autor dieser Arbeit zugänglichen Studien, Ansätze umgesetzt, welche dieses Wissen für ASR-Systeme vollständig verwenden. Diese Diskrepanz wurde in der Literatur ebenfalls bereits dargestellt [62].

Die meisten Verfahren verwenden eine Verzerrungsfunktion, die entweder allgemeingültig (bzw. äußerungsspezifisch) oder in aufwendigeren Ansätzen phonemspezifisch angewendet wird (vgl. Abschnitt 3.4). Ein möglicher Grund dafür ist, dass die meisten Untersuchungen davon ausgehen, dass die Sprechergruppe, welche erkannt werden soll, nicht bekannt ist. Somit müssen die Verzerrungsfaktoren während der Erkennung bestimmt werden. Dies stellt bereits bei einem allgemeinen Verzerrungsfaktor, welcher äußerungsspezifisch angewendet wird, eine Herausforderung dar und gestaltet sich im Fall von phonembezogenen Ansätzen noch umso aufwendiger. Die Umsetzung einer phonem- und formantspezifischen Verzerrung würde diesen Aufwand zusätzlich erhöhen.

5.3.2 Analyse möglicher Verzerrungsfunktionen

In Abschnitt 2.1.2 wurde bereits die Entstehung der phonem- und formantspezifischen Verzerrungsfaktoren erläutert und anhand von Formantdaten aus der Peterson & Barney Vokal-Datenbasis [162] grafisch dargestellt (Abbildungen 2.7 und 2.8). Diese Daten werden im Folgenden genauer betrachtet. Die optimale Umsetzung einer phonem- und formantspezifischen Verzerrung würde bedeuten, dass ein mit Erwachsenensprache trainierter Spracherkenner wissensbasiert an Kindersprache angepasst wird, sodass die Formantdaten in dem akustischen Modell exakt mit denen von Kindersprache übereinstimmen. Zur Veranschaulichung der dafür benötigten Verzerrungsfunktionen sind in Abbildung 5.2 die Abbildungsfunktionen der einzelnen Phoneme zwischen Männer-, Frauen- und Kinderdaten der Peterson & Barney Datenbasis dargestellt. Es ist gut zu erkennen, dass der Verlauf der Funktionen bei der Abbildung der Kinderdaten auf die Männerdaten (mittleres Diagramm) den steilsten Verlauf aufweist. Dies ist gut nachvollziehbar, da die durchschnittliche Abweichung der Vokaltraktlänge zwischen Männern und Kindern am größten ist. Des Weiteren ist zu sehen, dass die Funktio-

5.3 Theoretische Betrachtungen

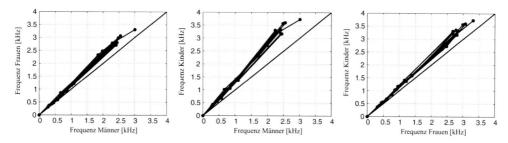

Abbildung 5.2 – Abbildungsfunktionen für die Frequenzverzerrung verschiedener Phoneme zwischen Männern, Frauen und Kindern anhand von Vokalinformationen aus der Peterson & Barney Datenbasis [162].

nen in allen drei Abbildungsvarianten relativ eng beieinander liegen sowie dass keine deutlichen Unterschiede (außer im Anstieg) zwischen der Abbidung der Kinder- auf die Männerdaten (Mitte) und der Kinder- auf die Frauendaten (rechts) zu erkennen sind. Dies widerspricht zunächst den Erwartungen, die aufgrund der unterschiedlichen Skalierungsfaktoren aus Abbildung 2.8 hervorgerufen werden. Um dies zu erklären, werden die Daten im Folgenden etwas detaillierter betrachtet.

Bei der Betrachtung der Skalierungsfaktoren in Abbildung 2.8 kann festgestellt werden, dass diese für alle Formanten und Phoneme bei der Normierung von Kindern auf Männerdaten größer ausfallen, als bei der Normierung von Kindern auf Frauendaten. Dies begründet den steileren Verlauf der Abbildungsfunktionen bei der Normierung der Kinder auf Männer in Abbildung 5.2 (Mitte) im Vergleich zur Normierung auf Frauen (rechts). Die phonemabhängige Skalierung der einzelnen Formanten weist insbesondere für den ersten Formanten bei der Normierung auf Männer große Schwankungen auf. Dies ist ebenfalls in Abbildung 5.2 zu erkennen, in Form größerer Schwankungen des unteren Funktionsverlaufs im Vergleich zur Normierung von Kindern auf Frauen. Jedoch ist die Schwankung der absoluten Werte in diesem Fall nicht so groß, da es sich bei dem ersten Formanten generell um niedrige Frequenzen handelt. Die Schwankung der Skalierungsfaktoren von F_2 und F_3 unterscheidet sich bei der Normierung auf Frauen, bzw. Männer weniger stark als bei F_1. Dies erklärt, wieso sich die Abbildungsfunktionen bei der Normierung von Kindern auf Männer zur Normierung von Kindern auf Frauen hauptsächlich im Anstieg (Indiz für abweichende Vokaltraktlänge), aber weniger in einer konkreten Abweichung des Funktionsverlaufs (Indiz für abweichende Vokaltraktform) unterscheiden.

Betrachtet man in Abbildung 5.2 Mitte, bzw. rechts den Funktionsverlauf verschiedener Phonemen, so ist zu erkennen, dass sich dieser zum einen im konkreten Verlauf und zum anderen im Anstieg unterscheidet, wobei die Unterschiede im Anstieg stärker als die Unterschiede im Verlauf zu erkennen sind. Dies rechtfertigt die Methoden anderer Forscher, welche die Skalierungsfaktoren phonemabhängig anpassen, jedoch im-

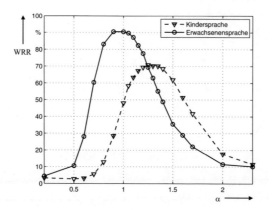

Abbildung 5.3 – Erkennungsergebnisse zum Erkennen von Erwachsenen- und Kindersprache unter Verwendung einer stückweise linearen Verzerrungsfunktion bei verschiedenen Verzerrungsfaktoren α.

mer dieselbe Verzerrungsfunktion wählen, wodurch die einzelnen Formanten nicht in Abhängigkeit des Phonems unterschiedlich skaliert werden können.

5.4 Stückweise lineare Verzerrung

Eine weitere häufig angewandte VTLN-Funktion ist die stückweise lineare Verzerrung. Diese wird in diesem Abschnitt betrachtet. Wie bereits in Abschnitt 3.4.1 dargestellt wurde, kommen zur genauen Implementierung verschiedene Varianten in Frage. In dieser Arbeit wird die symmetrische Form nach Gleichung (3.2) und (3.4) verwendet. Diese wurde in einer Variante implementiert, in welcher die Verzerrung gemeinsam mit der Merkmalextraktion umgesetzt wird. Dazu werden die Frequenzbereiche, welche verwendet werden um die Mel-Filterbankkanäle zu erstellen, entsprechend der VTLN-Funktion angepasst (vgl. Abschnitt 4.1.1).

5.4.1 Erkennungsergebnisse

Ähnlich wie für die bilineare Verzerrung in Abschnitt 5.2 werden Erkennungsexperimente durchgeführt, in welchen das akustische Modell unverändert bleibt und die Testdaten verzerrt werden. Die Merkmalextraktion erfolgt dabei für die Testdaten und die Trainingsdaten in gleicher Art und Weise nach Variante 1 aus Abschnitt 4.1.1.

Die Ergebnisse, welche unter Verwendung verschiedener Verzerrungsfaktoren erzielt werden, sind in Abbildung 5.3 dargestellt. Dabei ist zu sehen, dass die Kurve der Erkennungsrate einen ähnlichen Verlauf aufweist, wie unter Anwendung der bilinearen Verzerrung. Die höhere Erkennungsrate bei Erwachsenensprache ohne Verzerrung ($\alpha = 1$) im Vergleich zur bilinearen Verzerrung liegt daran, dass dieselbe Methode zur Merkmalextraktion für die Test- und Trainingsdaten angewendet wurde und deckt sich mit den Ergebnissen des Ausgangsexperiments aus Tabelle 5.1.

Die Ergebnisse zum Erkennen von Kindersprache fallen ähnlich aus, wie die, welche mit der bilinearen Verzerrung erzielt werden. Dies bestätigt die Ergebnisse anderer Forscher aus Abschnitt 3.4.1 zur Erkennung von älteren Kindern.

In Abschnitt 3.4.1 wurde erwähnt, dass in der Literatur vereinzelt fehlerhafte Formeln zur Umsetzung der stückweise linearen Verzerrung auftauchen. In anfänglichen Versuchen wurde versehentlich solch eine Funktion verwendet. Interessanterweise werden damit ähnliche Ergebnisse wie mit der korrekten Funktion erzielt. Dies kann damit begründet werden, dass die Abweichung im Funktionsverlauf bei der fehlerhaften Variante nur oberhalb von ω_0 auftritt. Für die gewählte Parametrierung von ω_0 nach Gleichung (3.4) ergibt sich somit ein Funktionsverlauf der in dem größten Bereich (unterhalb von ω_0) korrekt ist. Bei ω_0 ergibt sich ein Sprung und oberhalb von ω_0 beschreibt die Funktion einen linearen Verlauf in Richtung der korrekten höchsten dargestellten Frequenz (8 kHz). Dass sich der unkorrekte Funktionsverlauf nur schwach auf die Erkennungsrate auswirkt kann als weiteres Indiz dafür angesehen werden, dass der Typ der Verzerrungsfunktion (bei Verwendung eines optimalen Verzerrungsfaktors) eine untergeordnete Rolle spielt, da der konkrete Funktionsverlauf auf Höhe der ersten drei Formantfrequenzen im unteren Bereich des Spektrums (unter der Annahme einer Bandbreite von 8 kHz) bei den meisten Funktionen relativ ähnlich ausfällt.

5.4.2 Betrachtung des Funktionsverlaufs

In Abbildung 5.4 ist der konkrete Funktionsverlauf dargestellt, welcher sich für $\alpha = 1, 2$, bzw. $\alpha = 1,35$ ergibt, da für diese Werte und für Werte dazwischen die besten Erkennungsergebnisse für Kindersprache erzielt werden. Zusätzlich sind in der Abbildung die Abbildungsfunktionen der einzelnen Phoneme aus der Peterson & Barney Datenbasis bei Normierung der Kinder auf Männerdaten (links) sowie auf Frauendaten (rechts) dargestellt, wobei die Daten in der folgenden Weise angepasst wurden. Da das Alter der Kinder in den Peterson & Barney Daten dem Autor nicht zugänglich war, wurde versucht das Alter der Kinder über die Lage der Formantfrequenzen zu schätzen und diese dann an Formantfrequenzen anzupassen, welche zur Altersgruppe drei- bis sechsjähriger Kinder gehören. Zu diesem Zweck wurden die Kinderdaten des Vokals æ herangezogen (siehe Abbildung 2.7), da dieser, von den verfügbaren Vokaldaten, in seinen akustischen Eigenschaften am nächsten an dem neutralen Vokal Schwa @ liegt. Aufgrund der Frequenz von F_3 bei æ (3320 Hz) wurde mit der vereinfachten Annahme des idealisierten Ansatzrohrs die durchschnittliche Vokaltraktlänge (VTL)

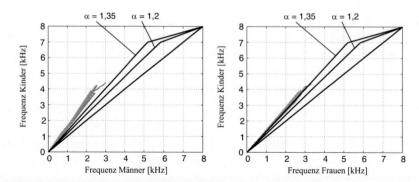

Abbildung 5.4 – Verzerrungsfunktionsverlauf der stückweise linearen Verzerrung bei optimalem α zum Erkennen von Kindersprache im Alter von drei bis sechs Jahren (schwarz) und Verlauf der Abbildungsfunktionen zwischen Männern und Kindern, bzw. Frauen und Kindern für verschiedene Phoneme (grau). Daten der Abbildungsfunktionen auf Grundlage der Peterson & Barney Daten [162] erstellt, Beschreibung des Verfahrens findet sich im Text.

der Kinder bestimmt. Diese ergibt sich durch Umstellung von Gleichung (2.5) zu

$$VTL = \frac{340 \text{ m/s}}{\frac{4}{5} \cdot 3320 \text{ Hz}} = 0,128 \text{ m}. \tag{5.3}$$

Aus Abbildung 2.10 lässt sich für diese Vokaltraktlänge das Alter der Kinder mit 11 Jahren bestimmen. Weiterhin kann aus Abbildung 2.10 die durchschnittliche Vokaltraktlänge für drei- bis sechsjährige Kinder mit 10,8 cm abgelesen werden. Unter der vereinfachten Annahme eines gleichmäßigen Vokaltraktwachstums im Kindesalter, ergibt sich ein Verzerrungsfaktor von 1,18 zwischen den Kinderdaten der Peterson & Barney Daten und drei- bis sechsjährigen Kindern. Die Anwendung dieses Verzerrungsfaktors auf die Peterson & Barney Daten führt wiederum zu Formantdaten drei- bis sechsjähriger Kinder. Die Abbildungsfunktionen dieser Phonemdaten auf Männerdaten, bzw. Frauendaten sind in Abbildung 5.4 grau eingezeichnet dargestellt. Dabei ist zu erkennen, dass diese bei Normierung auf Männerdaten (links) deutlich von dem optimalen Verzerrungsfunktionsverlauf (bei $\alpha = 1,2\ldots1,35$) abweichen. Der Verlauf, der auf Frauendaten normierten Abbildungsfunktionen (rechts), liegt hingegen in dem Bereich der Verzerrungsfunktionen, welche zur maximalen Erkennungsrate führen. Jedoch liegen die Abbildungsfunktionen in diesem Fall am Rand und nicht in der Mitte des Bereichs von $\alpha = 1,2\ldots1,35$). Dieses Ergebnis lässt sich in der folgenden Weise interpretieren. Es wird vermutet, dass in dem Experiment hauptsächlich die Frauendaten des trainierten Modells zur Maximierung der Erkennungsleistung führen und somit der ermittelte optimale Verzerrungsfaktorbereich $(1,2\ldots1,35)$ eine Anpassung von Frauen- an Kinderdaten darstellt. Diese Vermutung wird im nächsten Abschnitt näher betrachtet. Weiterhin liegen die Abbildungsfunktionen der Kinder-

auf Frauendaten nicht mittig in dem Bereich $\alpha = 1,2\ldots 1,35$. Dies kann verschiedene Ursachen haben. Zum einen beruht der Verlauf dieser Abbildungsfunktionen nicht auf reinen Messwerten, sondern wurde errechnet unter der Annahme verschiedener Vereinfachungen. Weiterhin stellt der Vergleich der Abbildungsfunktionen mit den Verzerrungsfunktionen, welche zur maximalen Erkennungsrate führen eine Vermischung von verschiedenen Datenbasen dar, von denen nicht angenommen werden kann, dass sie die gleichen Eigenschaften besitzen (hauptsächlich bezüglich der Vokaltraktlänge der Sprechergruppen Männer, Frauen, Kinder). Die Peterson & Barney Daten, als Grundlage für die Abbildungsfunktionen, wurden unter der Annahme einer gleichmäßigen Verzerrung im Kindesalter und dem Modell des idealisierten Ansatzrohrs, auf Grundlage von Messdaten zur Vokaltraktlänge von Goldstein, in Richtung drei- bis sechsjähriger Kinder verzerrt. Jedoch ist nicht klar, ob die Eigenschaften, der auf diesem Weg geschätzten Kinderdaten, mit denen, welche zur Erkennung in diesem Experiment verwendet werden, übereinstimmen. Dies gilt ebenso für die Eigenschaften der Frauen- und Männerdaten der Peterson & Barney Daten im Vergleich zu den Verbmobil-Daten, welche zum Training des Spracherkenners verwendet werden. Weiterhin basieren die Peterson & Barney Daten auf englischer Sprache und die Verbmobil sowie die zur Erkennung verwendeten Kinderdaten auf deutscher Sprache. Dies kann durch die Untersuchungen von Fant [71] etwas entkräftet werden. Diese zeigen, dass Daten verschiedener Sprachen, wenn sie die gleichen Phoneme besitzen, ähnliche Skalierungen aufweisen. Eine weitere Vereinfachung stellt die Tatsache dar, dass die Abbildungsfunktionen nur die Beziehung zwischen stimmhaften Phonemen von Kindern und Erwachsenen darstellen. Stimmlose Phoneme, welche keine oder eine schwächere Verzerrung aufweisen sind nicht dargestellt. Die Erkennung wurde allerdings mit einer gleichmäßigen Verzerrung für alle Phoneme durchgeführt.

Die geäußerte Vermutung, dass der ermittelte optimale Verzerrungsfaktorbereich $(1,2\ldots 1,35)$ eine Anpassung von Frauen- an Kinderdaten darstellt, kann aufgrund der vielen Approximationen jedoch nicht als hinreichend unterlegt betrachtet werden und wird somit in dem folgenden Abschnitt genauer betrachtet.

5.5 Genderspezifisches Training

In diesem Abschnitt werden Experimente durchgeführt, in welchen das akustische Modell nicht wie zuvor mit der gesamten Verbmobil-Datenmenge trainiert wird, sondern in welchen die Trainingsdatenmenge entweder aus nur Frauen- oder nur aus Männerdaten besteht.

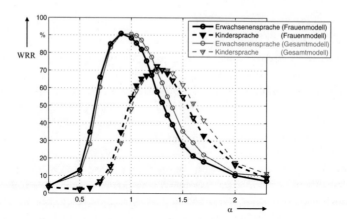

Abbildung 5.5 – Erkennungsergebnisse zum Erkennen von Erwachsenen- und Kindersprache bei stückweise linearer Verzerrung unter Verwendung eines akustischen Modells, welches nur aus Frauendaten erstellt wurde (schwarz) und zum Vergleich eines Modells, welches aus Männer- und Frauendaten erstellt wurde (grau).

5.5.1 Erkennungsergebnisse

In den Abbildungen 5.5 und 5.6 sind die erzielten Erkennungsraten in Abhängigkeit von α dargestellt. Zum Vergleich ist dabei jeweils die Erkennungsrate mit dargestellt, die mit dem Modell erzielt wird, welches aus Frauen- und Männerdaten besteht.

Training mit Frauendaten

In Abbildung 5.5 ist zu erkennen, dass das Frauenmodell zum Erkennen von Kindersprache ähnliche Ergebnisse liefert wie das Modell, welches aus Männer- und Frauendaten besteht. Dabei wird die maximale Erkennungsrate bei dem gleichen Wert für α erzielt (1,25). Dies bestätigt die in Abschnitt 5.4.2 geäußerte Vermutung, dass der Verzerrungsfaktor, welcher zur maximalen Erkennungsrate bei dem Gesamtmodell führt eine Anpassung von Frauen- an Kinderdaten darstellt. Die maximal erzielte Erkennungsrate bei dem Frauenmodell liegt mit $WRR = 72,4\%$ geringfügig über der, welche mit dem Gesamtmodell erzielt wird ($WRR = 70,8\%$). Der Verlauf der Erkennungsrate deutet jedoch daraufhin, dass dieser Wert einen Ausreißer darstellt. Die geringfügig höhere Erkennungsrate wird somit nicht als signifikant eingeschätzt. Des Weiteren ist zu erkennen, dass die Erkennungsrate des Frauenmodells für $\alpha > 1,3$ geringfügig unterhalb der des Gesamtmodells liegt. Dies kann auf die fehlenden Männerdaten zurückgeführt werden, welche das Gesamtmodell etwas robuster machen. Weiterhin liefert das Frauenmodell zum Erkennen von Erwachsenensprache in diesem Versuch ähnliche Erkennungsraten wie das Gesamtmodell. Jedoch ist es ebenso wie beim Erkennen von

5.5 Genderspezifisches Training

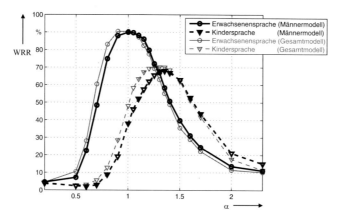

Abbildung 5.6 – Erkennungsergebnisse zum Erkennen von Erwachsenen- und Kindersprache bei stückweise linearer Verzerrung unter Verwendung eines akustischen Modells, welches nur aus Männerdaten erstellt wurde (schwarz) und zum Vergleich eines Modells, welches aus Männer- und Frauendaten erstellt wurde (grau).

Kindersprache weniger robust gegen Abweichungen von α vom Optimalwert. Des Weiteren ist zu erkennen, dass sich die maximale Erkennungsrate bei $\alpha = 0,9$ ergibt und somit geringfügig von dem Gesamtmodell abweicht.

Training mit Männerdaten

Abbildung 5.6 zeigt die Erkennungsergebnisse, die unter Verwendung eines akustischen Modells erzielt werden, welches nur aus Männerdaten besteht. Dabei ist zu erkennen, dass dieses zum Erkennen von Kindersprache bei optimalem α geringfügig schlechtere Ergebnisse ($WRR = 68,0\%$) als das Gesamt- ($WRR = 70,8\%$) bzw. das Frauenmodell ($WRR = 72,4\%$) liefert. Weiterhin ist sichtbar, dass die höchste Erkennungsrate bei $\alpha = 1,35$ erzielt wird und somit vom Frauen- bzw. Gesamtmodell abweicht. Dies bestätigt die Vermutung, dass der Verzerrungsfaktor, welcher zur maximalen Erkennungsrate bei dem Gesamtmodell führt eine Anpassung von Frauen- an Kinderdaten darstellt. Zum Erkennen von Erwachsenensprache werden ähnlich wie bei dem Frauenmodell Werte erzielt, die mit dem Gesamtmodell vergleichbar sind. Die sind jedoch wie beim Frauenmodell weniger robust gegen einen nicht optimal gewählten Verzerrungsfaktor α.

5.5.2 Einflussfaktoren

Die erzielten Ergebnisse zeigen, dass Frauendaten für das Erkennen von Kindersprache bessere Ergebnisse erzielen als Männerdaten. Dies ist unter Berücksichtigung von

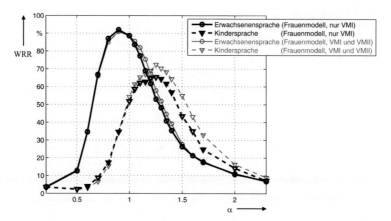

Abbildung 5.7 – Erkennungsergebnisse zum Erkennen von Erwachsenen- und Kindersprache bei stückweise linearer Verzerrung unter Verwendung eines akustischen Modells, welches nur aus Frauendaten des Verbmobil I Korpus (VMI) erstellt wurde (schwarz) und zum Vergleich eines Modells, welches aus Frauendaten des kompletten Verbmobil Korpus (VMI und VMII) erstellt wurde (grau).

Abbildung 2.10 gut nachvollziehbar, da der Vokaltrakt bei Frauen gleichmäßig wächst, wohingegen er sich bei Männern ab der Pubertät ungleichmäßig entwickelt (größeres Wachstum der Rachenraumlänge). Daraus resultieren die in Abbildung 2.8 dargestellten phonem- und formantspezifischen Skalierungsfaktoren, die zwischen Männern und Kindern größeren Schwankungen unterliegen als zwischen Frauen und Kindern. Die in diesem Abschnitt durchgeführte stückweise lineare Verzerrung bildet somit eher die Formantverschiebung von Kindern zu Frauen nach. Im Allgemeinen ist jedoch festzustellen, dass das Modell welches aus Frauen- und Männerdaten besteht ähnliche Ergebnisse wie das reine Frauenmodell erzielt und dass dieses geringfügig robuster gegen ein nicht optimal gewähltes α ist, als das reine Frauenmodell. Bei der Einordnung der erzielten Ergebnisse sind weitere Einflussfaktoren zu berücksichtigen, die im Folgenden betrachtet werden.

Einfluss der Trainingsdatenmenge

Das verwendete Männermodell und das verwendete Frauenmodell wurde jeweils aus halb so vielen Daten erstellt wie das verwendete Gesamtmodell. Um die Auswirkungen der Trainingsdatenmenge sichtbar zu machen wurde ein zweites Frauenmodell erstellt, welches nur mit Frauendaten des Verbmobil I Korpus trainiert wurde. Für die Erstellung von diesem wurden ca. 6000 Dialogbeiträge verwendet was in etwa einem Drittel der Frauendaten des gesamten Verbmobil Korpus entspricht. Die mit diesem Modell erzielten Erkennungsraten sind in Abbildung 5.7 dargestellt. Zum Vergleich sind die

5.5 Genderspezifisches Training

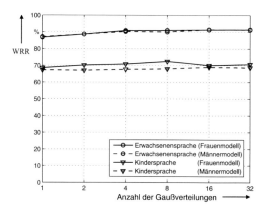

Abbildung 5.8 – Erkennungsergebnisse zum Erkennen von Erwachsenen- und Kindersprache bei stückweise linearer Verzerrung unter Verwendung eines Frauen- bzw. eines Männermodells in Abhängigkeit der Anzahl der verwendeten Gaußverteilungen pro Zustand.

Erkennungsraten des vollständigen Frauenmodells ebenfalls mit eingezeichnet. Dabei ist gut zu erkennen, dass die Ergebnisse zum Erkennen von Kindersprache schlechter ausfallen, wenn das Modell mit weniger Daten trainiert wurde. Der Einfluss zum Erkennen von Erwachsenensprache fällt in diesem Versuch jedoch relativ gering aus, wobei diese Tendenz vermutlich nicht allgemeingültig auf andere Erkennungsexperimente übertragen werden kann.

Einfluss der Anzahl an Gaußverteilungen im trainierten Modell

Um den Einfluss der Anzahl an Gaußverteilungen pro Zustand des trainierten Modells darzustellen werden Modelle mit einer unterschiedlichen Anzahl an Gaußverteilungen erstellt. Dies geschieht nach dem in Abschnitt 4.1.2 beschriebenen Verfahren zum Training des Spracherkenners. In Abbildung 5.8 sind die Erkennungsergebnisse dargestellt, welche mit dem Frauen- bzw. dem Männermodell bei einer unterschiedlichen Anzahl an Gaußverteilungen pro Zustand erzielt werden, wobei die Ergebnisse für ein jeweils optimal gewähltes α dargestellt sind. Dieses wurde in der folgenden Art und Weise gewählt:

- Erkennen von Erwachsenensprache mit dem Frauenmodell: $\alpha = 0,9$
- Erkennen von Erwachsenensprache mit dem Männermodell: $\alpha = 1,0$
- Erkennen von Kindersprache mit dem Frauenmodell: $\alpha = 1,25$
- Erkennen von Kindersprache mit dem Männermodell: $\alpha = 1,35$

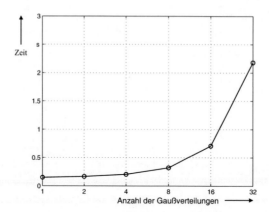

Abbildung 5.9 – Darstellung der Zeit, welche für das Erkennen eines einzelnen Wortes benötigt wird, in Abhängigkeit der Anzahl der Gaußverteilungen pro Zustand.

Es ist zu sehen, dass die Erkennungsrate in diesem Versuch keine starke Abhängigkeit von der Anzahl der Gaußverteilungen pro Zustand aufweist. Eine leichte Abhängigkeit kann jedoch beobachtet werden, nach welcher das Modell mit nur einer Gaußverteilung die niedrigsten Erkennungsraten liefert und das Modell mit 8 Gaußverteilungen die höchsten. (Aus diesem Grund wurde das Modell mit 8 Gaußverteilungen in allen übrigen Versuchen verwendet.) Es wird jedoch vermutet, dass dieses Ergebnis bei anderen Erkennungsaufgaben anders ausfallen kann. Weiterhin ist in Abbildung 5.9 dargestellt, welche Zeit im Durchschnitt auf dem verwendeten System benötigt wurde um ein einzelnes Wort zu erkennen. Dabei ist deutlich sichtbar, wie der Rechenaufwand und damit einhergehend die benötigte Zeit, mit einer steigenden Anzahl an Gaußverteilungen anwächst. Wenn ein echtzeitfähiges System konstruiert werden soll, muss somit abgeschätzt werden, wieviel Rechenleistung dem System zur Verfügung steht und wieviel Rechenleistung bei verschiedenen Konfigurationen des Spracherkenners benötigt wird. Diese Abhängigkeit ist jedoch bereits hinreichend bekannt.

6 Zusammenfassung und Ausblick

In dieser Arbeit wurde das Erkennen von Kindersprache untersucht. Zu diesem Zweck wurde zunächst dargestellt, welche Eigenschaften Kindersprache besitzt. Dabei wurde herausgearbeitet, dass sich Kindersprache von Erwachsenensprache auf vielen Ebenen unterscheidet, wobei sich die Unterschiede zwei Kategorien zuordnen lassen. Diese sind zum einen anatomisch bedingte Unterschiede in der Sprache von Kindern und Erwachsenen und zum anderen Unterschiede aufgrund der sprachlichen Fähigkeiten. Bei den anatomischen Unterschieden, fällt auf, dass sich das Wachstum des Vokaltraktes ab der Pubertät zwischen Mädchen und Jungen unterscheidet, wobei der wesentliche Unterschied darin besteht, dass die Rachenraumlänge bei Jungen ab der Pubertät stärker zunimmt als bei Mädchen. Dies führt dazu, dass sich die Formantfrequenzen bei verschiedenen Phonemen ungleichmäßig verschieben, wobei die Unterschiede zwischen Kindern und Männern größer ausfallen als zwischen Kindern und Frauen. Weitere Besonderheiten der Kindersprache resultieren aus der sprachlichen Entwicklung eines Kindes.

Die Unterschiede zwischen der Sprache von Kindern und der Sprache von Erwachsenen führen dazu, dass Kindersprache von derzeitigen Spracherkennern schlechter erkannt wird als Erwachsenensprache. Es wird ein umfassender Überblick über existierende Studien zum Erkennen von Kindersprache gegeben. Dabei zeigt sich, dass sich bereits viele Studien mit dem Erkennen von Kindersprache beschäftigt haben. Weiterhin kann festgestellt werden, dass die meisten dieser Studien das Erkennen von Kindersprache im Alter von sechs bis 18 Jahren untersuchen. Studien zum Erkennen von jüngeren Kindern sind bisher in deutlich geringerem Umfang durchgeführt worden. Dies liegt an verschiedenen Umständen, welche ASR-Untersuchungen von jungen Kindern deutlich aufwendiger machen, als von älteren Kindern. Eine wichtige Rolle stellt dabei die Verfügbarkeit von Sprachdaten der entsprechenden Altersgruppe dar. Da in der Literatur bisher keine ausführliche Darstellung existierender Datenbasen von Kindersprache verfügbar ist, wurde eine umfangreiche Auflistung dieser erstellt und auf der internationalen Konferenz Interspeech 2013 in Lyon, Frankreich veröffentlicht [42]. Dabei zeigt sich, dass Sprachdatenbasen von Kindern im Vorschulalter in deutlich geringerem Umfang verfügbar sind als Datenbasen von älteren Kindern. Weiterhin wird ein Überblick über verschiedene Methoden gegeben, die zur Spracherkennung von Kindersprache angewendet werden. Dabei wird eine spezielle Technik, die Vokaltraktlängennormierung, herausgegriffen und der Stand der Forschung auf diesem Gebiet dargestellt.

Im Anschluss an die theoretischen Betrachtungen wird die Experimentierumgebung, welche für die praktischen Experimente dieser Arbeit verwendet wird, vorgestellt. Diese besteht zum einen aus dem an der TU Dresden entwickelten Spracherkenner UASR und zum anderen aus den Sprachdaten, welche in den Experimenten verwendet werden. Es wird die Funktionsweise des UASR-Systems beschrieben und dabei die Konfiguration vorgestellt, in welcher das System verwendet wird. Die Sprachdatenbasis, welche zur Erkennung verwendet wird, wird ebenfalls vorgestellt. Diese besteht aus einzelnen Wörtern, welche zum einen von Kindern im Alter zwischen drei und sechs Jahren gesprochen wurden und zum anderen aus Sprachaufnahmen von Erwachsenen. Die Datenbasis eignet sich zur Durchführung von Erkennungsexperimenten, ist jedoch zu klein, um diese zum Training des Spracherkenners verwenden zu können. Aus diesem Grund wird dieser in dieser Arbeit mit Erwachsenensprache trainiert.

Nachdem die Experimentierumgebung eingeführt wurden ist, werden Experimente zum Erkennen von Kindersprache durchgeführt. Zunächst wird ein Ausgangsexperiment absolviert, in welchem sich zeigt, dass das Erkennen der Kindersprachdaten deutlich schlechtere Ergebnisse liefert, als das Erkennen der Erwachsenensprachdaten. Im Anschluss daran werden Experimente durchgeführt, in welchen die Sprachdaten mittels Vokaltraktlängennormierung verzerrt werden. Dazu wird als erstes ein bilineares Verfahren verwendet, welches bereits in dem Spracherkenner implementiert war und anschließend ein Verfahren mit stückweise linearer Verzerrung in dem Spracherkenner umgesetzt, wobei das Verfahren der stückweise linearen Verzerrung in allen weiteren Experimenten verwendet wird. Es zeigt sich, dass die Leistung des Spracherkenners zum Erkennen von Kindersprache durch Vokaltraktlängennormierung gesteigert werden kann, wobei sich ähnliche Abhängigkeiten ergeben, wie diese von anderen Forschern zum Erkennen von Kindersprache älterer Kinder beobachtet wurden. Dennoch liegt die erzielte Erkennungsleistung unter der, welche beim Erkennen von Erwachsenensprache erreicht wird. Es kann festgestellt werden, dass die Spracherkennungsleistung für Kindersprache bei Training mit Frauendaten höher ist, als bei Training mit Männerdaten. Dieses Ergebnis bestätigt die Betrachtungen zu den Eigenschaften von Kindersprache, nach welchen die Verschiebung der Formantfrequenzen zwischen Kindern und Erwachsenen nicht linear erfolgt, wobei die Unterschiede zwischen Männern und Kindern größer ausfallen als zwischen Frauen und Kindern und somit eine allgemein angewendete Vokaltraktlängennormierung die Formantverschiebung zwischen Frauen und Kindern besser beschreibt als zwischen Männern und Kindern. Ein akustisches Modell, welches mit Frauen- und Männerdaten trainiert wird, erreicht in den Versuchen bei optimal gewählten Verzerrungsfaktor eine ähnliche Erkennungsleistung, wie das reine Frauenmodell, ist jedoch geringfügig robuster gegen einen nicht optimal gewählten Verzerrungsfaktor. Weitere Versuche zeigen, welche Parameter ebenfalls Einfluss auf die Spracherkennungsleistung nehmen. Dabei wird zum einen der Einfluss der Trainingsdatenmenge dargestellt und zum anderen der Einfluss der Anzahl an Gaußverteilungen, welche zur Darstellung eines Zustandes des Spracherkenners verwendet werden.

Weitere Untersuchungen zum Erkennen junger Kindersprache sind denkbar, in welchen ein akustisches Modell von Frauensprache trainiert wird und von diesem nur stimmhaft gesprochene Signalabschnitte mit Methoden der Vokaltraktlängennormierung verzerrt werden.

Allgemein bleibt festzuhalten, dass Spracherkennung von Kindersprache schwieriger ist als von Erwachsenensprache und dass diese Tendenz mit sinkendem Alter der Kinder zunimmt. Eine große Herausforderung stellt dabei die geringe Verfügbarkeit von Sprachdaten junger Kinder dar, weshalb häufig, wie auch in dieser Arbeit, Erwachsenensprachdaten zum Training des Spracherkenners verwendet werden. Die Vielzahl der Unterschiede zwischen der Sprache von Kindern und der Sprache von Erwachsenen deutet darauf hin, dass die Eigenschaften von Kindersprache auf verschiedenen Ebenen berücksichtigt werden müssen. Wie dies am besten umgesetzt wird, ist insbesondere für das Erkennen junger Kindersprache nicht klar. Eine Schwierigkeit stellt dabei die große Variabilität im Spracherwerb dar, weshalb nicht einheitlich bei allen Kindern einer entsprechenden Altersgruppe von den gleichen sprachlichen Fähigkeiten ausgegangen werden kann. Diese Tatsache erschwert das Erkennen von Kindersprache nicht nur für einen Spracherkenner, sondern auch für den Menschen. Es kann beobachtet werden, dass die Sprache eines Kindes zu Beginn des Spracherwerbs von der Mutter teilweise deutlich besser verstanden wird, als von anderen Menschen, was sich damit begründen lässt, dass die Mutter die Sprache ihres Kindes gewöhnt ist und somit die lautlichen Äußerungen viel besser einschätzen kann als andere Menschen. Die Schlussfolgerung für einen Spracherkenner wäre somit, dass dieser für das Erkennen von sehr junger Kindersprache ebenfalls auf das jeweilige Kind angepasst werden muss. Dies wird jedoch aufgrund der geringen Verfügbarkeit von Kindersprachdaten im Allgemeinen und der Tatsache, dass Daten eines speziellen Kindes im Normalfall nicht verfügbar sind, mit derzeitigen Methoden nicht ohne weiteres möglich sein, da die reine Aufnahme von Sprachmaterial an dieser Stelle nicht genügend ist. Um die Daten einem Spracherkenner zugänglich zu machen, müssen diese entsprechend annotiert werden, was einen erheblichen Aufwand darstellt und somit zur Anpassung an ein spezielles Kind vermutlich nicht durchführbar ist.

Das Gebiet der Spracherkennung sehr junger Kindersprache hält somit noch erhebliche Herausforderungen bereit. Es ist zu hoffen, dass Kindspracherkennung in Zukunft weiter untersucht wird und weitere zur Spracherkennung geeignete Sprachdatenbasen junger Kinder aufgenommen werden, durch welche weitere Untersuchungen ermöglicht werden.

Anhang

Tabelle 6.1 – Phonem-Alphabet, welches in dieser Arbeit zur Erstellung des akustischen Modells verwendet wurde. Es besteht aus einer Teilmenge des SAMPA Phonem-Alphabetes sowie zusätzlichen Zeichen für Pause "." und Müll "#". Tabelle erstellt nach [59].

Nr.	Phonemsymbol	Stimmhaft	Beschreibung
1	2	ja	Wie in H**ö**hle
2	6	ja	Wie in Les**er**
3	9	ja	Wie in H**ö**lle
4	.	nein	Pause
5	#	nein	Müll
6	@	ja	Wie in les**e**n
7	C	nein	Wie in di**ch**
8	E	ja	Wie in B**e**tt
9	E:	ja	Wie in K**ä**se
10	I	ja	Wie in r**i**tt
11	N	ja	Wie in Ju**ng**e
12	O	ja	Wie in B**o**ck
13	OY	ja	Wie in n**eu**
14	Q	nein	Glottalisierung
15	S	nein	Wie in Ta**sch**e
16	U	ja	Wie in m**u**ss
17	Y	ja	Wie in H**ü**tte
18	a	ja	Wie in k**a**nn
19	a:	ja	Wie in K**a**hn
20	aI	ja	Wie in zw**ei**
21	aU	ja	Wie in B**au**ch
22	b	nein	Wie in **b**ei
23	d	nein	Wie in **d**u
24	e:	ja	Wie in B**e**et
25	f	nein	Wie in ver**f**ahren
26	g	nein	Wie in **G**ast
27	h	nein	Wie in **H**ast
28	i:	ja	Wie in r**i**et
29	j	ja	Wie in **j**a
30	k	nein	Wie in **K**ahn
31	l	ja	Wie in **L**icht
32	m	ja	Wie in **M**ann
33	n	ja	Wie in **n**eun
34	o:	ja	Wie in b**o**g
35	p	nein	Wie in **P**latz
36	r	nein	Wie in **R**auch
37	s	nein	Wie in la**s**
38	t	nein	Wie in **T**orte
39	u:	ja	Wie in M**u**s
40	v	ja	Wie in **V**ase
41	x	nein	Wie in Da**ch**
42	y:	ja	Wie in H**ü**te
43	z	ja	Wie in le**s**en

Formelzeichen und Abkürzungen

Formelzeichen

α	Verzerrungsfaktor (allgemein)
c	Schallgeschwindigkeit
C	Anzahl korrekt erkannter Wörter
Δf	Frequenzauflösung
f	Frequenz
f_A	Abtastfrequenz
f_i	i-te Resonanzfrequenz
F_i	i-ter Formant
i	allgemeiner Index
k	Abtastzeitpunkt
K	Anzahl der Abtastzeitpunkte
L	Länge
λ	Wellenlänge
λ_i	i-te Resonanzwellenlänge
λ	Verzerrungsfaktor (bilineare Transformation)
λ_Mel	Verzerrungsfaktor zur Approximation der Mel-Skala
λ_VTLN	Verzerrungsfaktor für VTLN
N	Anzahl der Erkennungsdurchläufe
N	FFT-Breite
ω	Kreisfrequenz
$\hat{\omega}$	Nyquist-Kreisfrequenz
$\tilde{\omega}$	Mel-verzerrte Kreisfrequenz
$\tilde{\omega}$	VTLN-verzerrte Kreisfrequenz
ω_0	Grenzfrequenz der stückweise linearen Verzerrung (Änderung Funktionsverlauf)
p	Druck
$p(\cdot)$	Wahrscheinlichkeitsdichte
$P(\cdot)$	Wahrscheinlichkeit
$P(\cdot\vert\cdot)$	bedingte Wahrscheinlichkeit
W	Wort
$\hat{W}$	Wahrscheinlichstes Wort
$\mathbf{W}$	Wortfolge
$\hat{\mathbf{W}}$	Wahrscheinlichste Wortfolge

$x(k)$ zeitdiskretes Signal
$x(t)$ zeitkontinuierliches Signal
$\boldsymbol{x}(a)$ geframetes Zeitsignal
$\vec{x}$ Merkmalvektor
$\vec{\boldsymbol{x}}(a)$ Merkmalvektorfolge
$\mathbf{X}$ Merkmalvektorfolge
$\underline{X}(n)$ komplexes Spektrum
$|\underline{X}(n)|$ Amplitudenspektrum
$|\underline{\boldsymbol{X}}(a)|$ Spektrogramm
z diskrete Frequenz (Z-Bereich)
$\tilde{z}$ Mel-verzerrte diskrete Frequenz (Z-Bereich)

Abkürzungen

ASR	Automatic Speech Recognition
BVKJ	Berufsverband der Kinder- und Jugendärzte
CHILDES	Child Language Data Exchange System
DBL	Deutscher Bundesverband für Logopädie
DCT	Discrete Cosine Transform
EER	Equal Error Rate
FFT	Fast Fourier Transformation
HMM	Hidden-Markov-Model
IAS	Institut für Akustik und Sprachkommunikation
ICASSP	IEEE International Conference on Acoustics, Speech, and Signal Processing
IEEE	Institute of Electrical and Electronics Engineers
IPA	Internationales Phonetisches Alphabet
IQ	Intelligenzquotient
LKGS	Lippen-Kiefer-Gaumenspalte
LPC	Linear Predictive Coding
LPCC	Linear Prediction Cepstral Coefficients
MAP	Maximum A-Posteriori
MATE	augMented stAte space acousTic dEcoder
MFCC	Mel Frequency Cepstral Coefficients
MKG	Mund-, Kiefer- und Gesichtschirurgie
ML	Maximum Likelihood
MLLR	Maximum Likelihood Linear Regression
MRT	Magnetresonanztomographie
PER	Phonetic Error Rate
PLAKSS	Psycholinguistische Analyse kindlicher Sprechstörungen
PLPC	Perceptual Linear Prediction Coefficients
PSTS	Pitch Synchronous Time Scaling

SAT	sprecheradaptivem Training
SLU	Spoken Language Understanding
SMAPLR	structural MAP linear regression
SMG	Stochastischer Markov-Graph
TD-PSOLA	Time-Domain Pitch-Synchronous Overlap Add
UASR	Unified Approach to Speech Synthesis and Recognition
VTL	Vokaltraktlänge
VTLN	Vokaltraktlängennormierung
VTPM	Vocal Tract Predictive Modeling
WER	Word Error Rate
WOCCI	Workshop on Child and Computer Interaction
WRR	Word Recognition Rate

Literaturverzeichnis

[1] A. Acero und R. Stern, "Robust Speech Recognition by Normalization of the Acoustic Space," in *Proc. of ICASSP*, Toronto, Kanada, 1991.

[2] P. T. Akhil, S. P. Rath, S. Umesh und D. R. Sanand, "A Computationally Efficient Approach to Warp Factor Estimation in VTLN Using EM Algorithm and Sufficient Statistics," in *Proc. of Interspeech*, 2008.

[3] G. Ananthakrishnan, "Acoustics to Articulation: Study of the acoustic-articulatory relationship along with methods to normalize and adapt to variations in production across different speakers," Dissertation, KTH School of Computer Science and Communication, Stockholm, Schweden, 2011.

[4] T. Babbe, "Pyrmonter Analyse phonologischer Prozesse (PAPP)," Steiner-Verlag, 1994.

[5] BAS Bayerisches Archiv für Sprachsignale, "VERBMOBIL Dialog-Datenbasis VM", Ludwig-Maximilians-Universität München, Institut für Phonetik und Sprachverarbeitung,

http://www.phonetik.uni-muenchen.de/Bas/BasVM1.1README, 2013.

[6] BAS Bayerisches Archiv für Sprachsignale, "VERBMOBIL II Dialog Database (BAS Edition)," Ludwig-Maximilians-Universität München, Institut für Phonetik und Sprachverarbeitung,

http://www.bas.uni-muenchen.de/forschung/Bas/BasVM15.1README, 2013.

[7] E. Bates, V. Marchman, D. Thal, L. Fenson, P. Dale, S. Reznick, J. Reilly und J. Hartung, "Developmental and stylistic variation in the composition of early vocabulary," in *Journal of Child Language*, Vol. 21, S. 85 – 123, 1994.

[8] E. Bates, P. Dale und D. Thal, "Individual Differences and their Implications for Theories of Language Development," in P. Fletcher und B. MacWhinney (Eds.), "The Handbook of Child Language," Basi Blackwell, Oxford, S. 96 – 152, 1995.

[9] E. Bates, I. Bretherton und L. Snyder, "From first words to grammar: Individual differences and dissociable mechanisms," Cambridge University Press, 2010, ISBN 978-0521425001.

[10] A. Batliner, M. Blomberg und S.M. D'Arcy, "The PF-STAR Children's Speech Corpus," in *Proc. of Interspeech*, S. 2761–2764, 2005.

[11] E.L. Bavin (Eds.), "Cambridge Handbook of Child Language," in *Cambridge*

Handbooks in Language and Linguistics, Cambridge University Press, 2012, ISBN 9781107605428.

[12] L. Bell und J. Gustafson, "Child and adult speaker adaptation during error resolution in a publicly available spoken dialogue system," in *Proc. of Eurospeech*, S. 613–616, 2003.

[13] L. Bell, J. Boye, J. Gustafson und M. Heldner, "The Swedish NICE Corpus – Spoken dialogues between children and embodied characters in a computer game scenario," in *Proc. of Interspeech*, S. 1–4, 2005.

[14] N. Bernstein-Ratner, "Interactive influences on phonological behavior: a case study," in *Journal of Child Language*, Vol. 20, No. 1, S. 191 – 197, 1993.

[15] S. V. Bharath Kumar, S. Umesh und R. Sinha, "Non-uniform speaker normalization using affine-transformation," in *Proc. of ICASSP*, 2004.

[16] S. V. Bharath Kumar und S. Umesh, "Non-uniform speaker normalization using frequency-dependent scaling function," in *Proc. of International Conference on Signal Processing and Communications*, 2004.

[17] S. V. Bharath Kumar, S. Umesh und R. Sinha, "Study of non-linear frequency warping functions for speaker normalization," in *Proc. of ICASSP*, 2006.

[18] C. Bickley, "Acoustic evidence for the development of speech," Dissertation, Research Laboratory of Electronics, Massachusetts Institue of Technology, Cambridge, MA 02139 USA, 1989.

[19] M. Blomberg und D. Elenius, "Collection and recognition of children's speech in the PF-Star project," in *Proc. of Fonetik*, S. 81–84, 2003.

[20] M. Blomberg und D. Elenius, "Investigating Explicit Model Transformations for Speaker Normalization," in *Proc. of Workshop on Speech Analysis and Processing for Knowledge Discovery*, 2008.

[21] M. Blomberg und D. Elenius, "Knowledge-Rich Model Transformations for Speaker Normalization in Speech Recognition," in *Proc. of FONETIK*, 2008.

[22] M. Blomberg und D. Elenius, "Vocal tract length compensation in the signal and model domains in child speech recognition," in *Proc. of FONETIK*, 2007.

[23] L. Bloom, P. Lightbown und L. Hood, "Structure and variation in child language," in *Monographs of the Society for Research in Child Development*, Vol. 40, No. 2, 1975.

[24] L. Bloom, "The Trainsition from Infancy to Language: Acquiring the Power of Expression," Cambridge University Press, New York, 1993.

[25] P. Bloom, "Myths of word learning," in D.G. Hall und S.R. Waxman (Eds.), "Weaving a lexicon," MIT Press, Cambridge, Mass, 2004, ISBN 978-0262582490.

[26] T. Bocklet, A. Maier, U. Eysholdt und E. Nöth, "Improvement of a speech recognizer for standardized medical assessment of children's speech by integration of

prior knowledge", in *Proc. of Spoken Language Technology Workshop*, S. 259–264, 2010.

[27] A.K. Bockmann, "Sprachentwicklung vom 2. bis 8. Lebensjahr: Zur Rolle des frühen Wortschatzes," Dissertation, Georg-August-Universität zu Göttingen, Mathematisch-Naturwissenschaftliche Fakultät, Göttingen, 2007.

[28] R. Brown, "A first language: The early stages," Havard University Press, 1973, ISBN 978-0674303263.

[29] F. Burkhardt, M. Eckert, W. Johannsen, and J. Stegmann, "A database of age and gender annotated telephone speech," in *Proc. of LREC*, S. 1562–1565, 2010.

[30] D.C. Burnett und M. Fanty, "Rapid unsupervised adaptation to children's speech on a connected-digit task," in *Proc. of ICSLP*, S. 1145–1148, 1996.

[31] W. Butzkamm und J. Butzkamm, "Wie Kinder sprechen lernen. Kindliche Entwicklung und Sprachlichkeit des Menschen," 3. Auflage, Francke Verlag, Tübingen, 2008, ISBN 978-3772082979.

[32] S. Carey, "The child as a word learner," in M. Halle, J. Bresnan und G.A. Miller (Eds.), "Linguistic theory and psychological reality," MIT Press, Cambridge, 1978.

[33] J. Cheng und J. Shen, "Towards accurate recognition for children's oral reading fluency," in *Proc. of Spoken Language Technology Workshop*, 2010.

[34] N. Chomsky, "Aspects of the theory of syntax," MIT Press, Cambridge, Mass., 1965.

[35] N. Chomsky, "Language and problems of knowledge: The Managua Lectures," MIT Press, Cambridge, Mass., 1988.

[36] T. Cincarek, T. Toda, H. Saruwatari und K. Shikano, "Selective EM Training of Acoustic Models based on Sufficient Statistics of Single Utterances," in *Automatic Speech Recognition and Understanding Workshop*, S. 168 – 173, 2005.

[37] T. Cincarek, T. Toda, H. Saruwatari und K. Shikano, "Acoustic modeling for spoken dialogue systems based on unsupervised selective training," in *Proc. of ICSLP*, S. 1722 – 1725, 2006.

[38] T. Cincarek, I. Shindo, T. Toda, H. Saruwatari und K. Shikano, "Development of Preschool Children Subsystem for ASR and Q&A in a Real-Environment Speech-Oriented Guidance Task," in *Proc. of Interspeech*, 2007.

[39] E. Clark, "The Lexicon in Acquisition," Cambridge University Press, Cambridge, 1993.

[40] E. Clark, "First Language Acquisition," Cambridge University Press, 2003, ISBN 0-521-62997-7.

[41] F. Claus, *Integrierte Spracherkennung für Kindersprache: Evaluierung phonembasierter Spracherkenner*, Diplomarbeit, Hochschule für Technik und Wirtschaft

Dresden (FH), 2010.

[42] F. Claus, H. Gamboa Rosales, R. Petrick, H.-U. Hain und R. Hoffmann, "A Survey about Databases of Children's Speech," in *Proc. of Interspeech*, 2013.

[43] L. Cleuren, J. Duchateau, P. Ghesquiere und H. Van Hamme, "Children's Oral Reading Corpus (CHOREC): Description and Assessment of Annotator Agreement," in *Proc. of LREC*, 2008.

[44] R. Cole, D. Massaro, B. Rundle, K. Shobaki, J. Wouters, M. Cohen, J. Beskow, P. Stone, P. Connors, A. Tarachow und D. Solcher. "New Tools for Interactive Speech and Language Training: Using Animated Conversational Agents in the Classrooms of Profoundly Deaf Children," in *Proceedings of ESCA/SOCRATES Workshop on Method and Tool Innovations for Speech Science Education*, 1999.

[45] R. Cole, J.-P. Hosom und B. Pellom, "University of Colorado Prompted and Read Children's Speech Corpus," *Technical Report TR-CSLR-2006-02*, University of Colorado, 2006.

[46] R. Cole und B. Pellom, "University of Colorado Read and Summarized Stories Corpus," *Technical Report TR-CSLR- 2006-03*, University of Colorado, 2006.

[47] R. Cole, D. Bolanos, W. Ward, J. Carmer, E. Borts und E. Svirsky, "How Marni Helps English Language Learners Acquire Oral Reading Fluency," in Proc. of Interspeech, 2012.

[48] P. Cosi und B. Pellom, "Italian children's speech recognition for advanced interactive literacy tutors," in *Proc. of Interspeech*, 2005.

[49] P. Cosi, "On the Development of Matched and Mismatched Italian Children's Speech Recognition Systems," in *Proc. of Interspeech*, 2009.

[50] F. Csatari und Z. Bakcsi, "A Hungarian Child Database for Speech Processing Applications," in *Proc. of Eurospeech*, 1999.

[51] C. Cucchiarini, J. Driesen, H. Van hamme und E. Sanders, "Recording Speech of Children, Non-Natives and Elderly People for HLT Applications: the JASMIN-CGN Corpus," in *Proc. of LREC*, 2008.

[52] S.M D'Arcy, L.P. Wong und M.J. Russell, "Recognition of read and spontaneous children's speech using two new corpora," in *Proc. of ICSLP*, 2004.

[53] S.M. D'Arcy und M.J. Russell, "A comparison of human and computer recognition accuracy for children's speech," in *Proc. of Interspeech*, S. 2197–2200, 2005.

[54] P. Deimann, U. Kastner-Koller, G. Esser und S. Hänsch, "FRAKIS: Fragebogen zur frühkindlichen Sprachentwicklung: FRAKIS (Standardform) und FRAKIS-K (Kurzform)," *TBS-TK Rezension (Testbeurteilungssystem – Testkuratorium der Föderation deutscher Psychologenvereinigungen), Report Fachwissenschaftlicher Teil*, 2010.

[55] G.-H. Ding, Y.F. Zhu und C. Li, "Implementing vocal tract length normalization

in the MLLR framework," in *Proc. of ICSLP*, 2002.

[56] M. Eichner, M. Wolff und R. Hoffmann, "A Unified Approach for Speech Synthesis and Speech Recognition Using Stochastic Markov Graphs," in Proc. of ICSLP, S. 701–704, 2000.

[57] M. Eichner, M. Wolff, S. Werner und R. Hoffmann, "Ein kombiniertes Spracherkennungs- / Sprachsynthesesystem auf Phonemebene," in *Proc. of ESSV*, S. 141–149, Cottbus, 2000.

[58] M. Eichner, S. Ohnewald, M. Wolff und R. Hoffmann, "Anwendung Stochastischer Markovgraphen in einem integrierten Spracherkennungs- und -synthesesystem," in *Proc. of DAGA*, 2001.

[59] M. Eichner, "Sprachsynthese und Spracherkennung mit gemeinsamen Datenbasen: Akustische Analyse und Modellierung," Dissertation, Technische Universität Dresden, Fakultät Elektrotechnik und Informationstechnik, 2006, ISBN 978-3-940046-10-9.

[60] E. Eide und H. Gish, "A parametric approach to vocal tract length normalization," in *Proc. of ICASSP*, 1996.

[61] D. Elenius und M. Blomberg, "Adaptation and normalization experiments in speech recognition for 4 to 8 year old children," in *Proc. of Interspeech*, S. 2749–2752, 2005.

[62] D. Elenius und M. Blomberg, "On extending VTLN to phoneme-specific warping in automatic speech recognition," in *Proc. of FONETIK*, 2009.

[63] D. Elenius, *Accounting for Individual Speaker Properties in Automatic Speech Recognition*, Dissertation, KTH Stockholm, 2010.

[64] D. Elenius und M. Blomberg, "Dynamic Vocal Tract Length Normalization in Speech Recognition," in *Proc. of FONETIK*, 2010.

[65] T. Emori und K. Shinoda, "Rapid Vocal Tract Length Normalization using Maximum Likelihood Estimation," in *Proc. of Eurospeech*, 2001.

[66] M. Eskenazi, "Kids: a database of children's speech," in *Journal of the Acoustical Society of America*, vol. 100, no. 4, 1996.

[67] , M. Eskenazi, C. Hogan, J. Allen, R. Frederking, "Issues in database creation: Recording new populations, faster and better labelling," in *Proc. of Eurospeech*, 1997.

[68] M. Eskenazi und G. Pelton, "Pinpointing pronunciation errors in children's speech: examining the role of the speech recognizer," in *Proc. of Workshop on Pronunciation Modeling and Lexicon Adaptation for Spoken Language Technology*, 2002.

[69] G. Fant, "Acoustic Theory of Speech Production, With Calculations based on X-Ray of Russian Articulations," Mouton & Co. N.V., Publishers, The Hague,

Niederlande, 1960, ISBN 9027916004.

[70] G. Fant, "A note on vocal tract size factors and non-uniform F-pattern scalings," Quaterly Progress and Status Report, Vol. 7, No. 4, S. 22 – 30, KTH Computer Science and Communication, Dept. for Speech, Music and Hearing, Stockholm, 1966.

[71] G. Fant, "Non-uniform vowel normalization," Quaterly Progress and Status Report, Vol. 16, No. 2 – 3, S. 1 – 19, KTH Computer Science and Communication, Dept. for Speech, Music and Hearing, Stockholm, 1975.

[72] A. Faria und D. Gelbart, "Using Pitch for Vocal Tract Length Normalization," in *Proc. of Interspeech*, 2005.

[73] H. Fastl, E. Zwicker, "Psychoacoustics: Facts and Models," Band 22 von Springer series in information sciences, Springer-Verlag, Berlin Heidelberg New York, 2007, ISBN 3-540-68888-9, 978-3-540-68888-4.

[74] L. Fenson, P. Dale, J.S. Reznick, E. Bates, D. Thal und S. Pethick, "Variability in early communicative development," in *Monographs of the Society for Research in Child Development*, Vol. 59, 1994.

[75] A. Fox und B.J. Dodd, "Der Erwerb des phonologischen Systems in der deutschen Sprache. Sprache-Stimme-Gehör," Vol. 23, No. 4, S. 183 – 191, 1999.

[76] A. Fox, "PLAKSS-Psycholinguistische Analyse kindlicher Sprechstörungen," 2. überarbeitete Aufl., Pearsons, Frankfurt, 2005.

[77] G. Friedrich und W. Bigenzahn, "Phoniatrie, Einführung in die medizinischen, psychologischen und linguistischen Grundlagen von Stimme und Sprache," Verlag Hans Huber, Bern, 1995, ISBN 3-456-82516-1.

[78] T. Fukada und Y. Sagisaka, "Speaker normalized acoustic modeling based on 3-d viterbi decoding," in *Proc. of ICASSP*, 1998.

[79] D. Furrow und K. Nelson, "Environmental correlates of individual differences in language acquisition," in *Journal of Child Language*, Vol. 11, S. 523 – 534, 1984.

[80] M.J.F. Gales, "Maximum likelihood linear transformations for HMM-based speech recognition," in *Computer Speech and Language*, 1998.

[81] J. Ganger und M. Brent, "Re-examining the vocabulary spurt and its implications: Is there really a sudden change in cognitive development," in *A. H.-J. Do, L. Dominguez und A. Johansen (Eds.) Proceedings of the 25th Annual Boston University Conference on Language Development*, 2001.

[82] M. Gerosa, D. Giuliani und F. Brugnara, "Speaker Adaptive Acoustic Modeling with Mixture of Adult and Children's Speech," in *Proc. of Interspeech*, 2005.

[83] M. Gerosa, *Acoustic Modeling for Automatic Recognition of Children's Speech*, Dissertation, University of Trento, 2006.

[84] M. Gerosa, D. Giuliani und F. Brugnara, "Acoustic variability and automatic

recognition of children's speech," in *Speech Communication*, 2007.

[85] S. Ghai und R. Sinha, "An investigation into the effect of pitch transformation on children speech recognition," in *Proc. of International Technical Conference sponsored by IEEE Region 10*, 2008.

[86] S. Ghai und R. Sinha, "Exploring the Role of Spectral Smoothing in Context of Children's Speech Recognition," in *Proc. of Interspeech*, 2009.

[87] S. Ghai und R. Sinha, "Analyzing pitch robustness of PMVDR and MFCC features for children's speech recognition," in *Proc. of SPCOM*, 2010.

[88] S. Ghai und R. Sinha, "A Study on the Effect of Pitch on LPCC and PLPC Features for Children's ASR in Comparison to MFCC," in *Proc. of Interspeech*, S. 2589–2592, 2011.

[89] D. Gibbon, R. Moore und R. Winski, "Handbook of Standards and Resources for Spoken Language Systems," in Mouton de Gruyter, Berlin u. a., ISBN 3-11-015366-1, 1997.

[90] B. Gick, I. Wilson und D. Derrick, "Articulatoy Phonetics," 1. Auflage, John Wiley & Sons, 2013, ISBN 978-1405193207.

[91] B. Goldfield und S. Reznick, "Early lexical acquisition: Rate, content und the vocabulary spurt," in *Journal of Child Language*, Vol. 17, S. 171 – 184, 1990.

[92] U. Goldstein, *An articulatory model for the vocal tracts of growing children*, Dissertation, Massachusetts Institute of Technology, 1980.

[93] E. Gouvêa und R. M. Stern, "Speaker normalization through formant-based warping of the frequency scale," in *Proc. of Eurospeech*, 1997.

[94] H. Grimm und H. Doil, "Elternfragebogen für die Früherkennung von Risokokindern," Hogrefe-Verlag, Göttingen, 2000.

[95] H. Grimm, "Sprachscreening für das Vorschulalter (SSV)," Hogrefe-Verlag, Göttingen, 2003.

[96] H. Grimm, "Störungen der Sprachentwicklung: Grundlagen - Ursachen - Diagnose - Intervention - Prävention," 3. Auflage, Hogrefe-Verlag, Göttingen, 2012, ISBN 978-3801724436.

[97] M. Grohnfeldt, "Störungen der Sprachentwicklung," Wissenschaftsverlag Volker Spiess, Berlin, 1989.

[98] J. Gustafson und K. Sjölander, "Voice transformations for improving children's speech recognition in a publicly available dialogue system," in *Proc. of ICSLP*, 2002.

[99] J. Gustafson, L. Bell, J. Boye, A. Lindström und M. Wirén, "The NICE Fairy-tale Game System," in *Proc. of SIGdial Workshop on Discourse and Dialogue*, 2004.

[100] D. Hacker, "Phonologie," in S. Baumgartner und I. Füssenich (Hrsg.), "Sprach-

therapie mit Kindern," UTB, München Basel, S. 15 – 79, 1992, ISBN 978-3825281885.

[101] C. Hacker, *Automatic assessment of children speech to support language learning*, Dissertation, Universität Erlangen-Nürnberg, 2009.

[102] A. Hagen, B. Pellom und R. Cole, "Children's speech recognition with application to interactive books and tutors," in *Proc. of Workshop on Automatic Speech Recognition and Understanding*, 2003.

[103] A. Hagen, B. Pellom, S. Van Vuuren und R. Cole, "Advances in children's speech recognition within an interactive literacy tutor," in *Proc. of NAACL HLT*, 2004.

[104] A. Hagen, B. Pellom und R. Cole, "Highly accurate children's speech recognition for interactive reading tutors using subword units," in Elsevier, *Speech Comunication*, Vol. 49, S. 861 – 873, 2007.

[105] A. Hagen, B. Pellom und K. Hacioglu, "Generating Synthetic Children's Acoustic Models from Adult Models," in *Proc. of Conference of the North American Chapter of the Association for Computational Linguistics: Human Language Technologies*, 2009.

[106] A. Hamilton, K. Plunkett und G. Schafer, "Infant vocabulary development assessed with a British communicative development inventory," in *Journal of Child Language*, Vol. 27, Issue 03, S. 689–705, 2000.

[107] J. Hampson und K. Nelson, "The relation of maternal language to variation in rate and style of language acquisition," in *Journal of Child Language*, Vol. 20, S. 313 – 342, 1993.

[108] W.J. Hardcastle, J. Layer und F.E. Gibbon (Eds.), "The Handbook of Phonetic Sciences," 2. Auflage, John Wiley & Sons, 2012, ISBN 978-1118358207.

[109] E. Hartmann, "Was leistet die 'Minimalpaar-Therapie' bei aussprachegestörten Kindern? Eine vorläufige Bilanz," in *Die Sprachheilarbeit 41*, Verlag modernes lernen, Dortmund, S. 297 – 311, 1996, ASIN B0092X9MCI.

[110] R. Hoffmann, "Signalanalyse und -erkennung. Eine Einführung für Informationstechniker." Springer-Verlag, Berlin Heidelberg New York, 1998, ISBN 3-540-63443-6.

[111] R. Hoffmann, M. Eichner und M. Wolff, "Utilizing the Convergence of Speech Synthesis and Speech Recognition," in *Proc. of Conference and Workshop on Assistive Technologies for Vision and Hearing Impairment*, Castelvecchio Pascoli, Italy, 2001.

[112] R. Hoffmann, M. Eichner, S. Werner und M. Wolff, "The Project UASR (Unified Approach for Speech Synthesis and Recognition) – A Progress Report," in *Proc. of DAGM Speech Processing Workshop*, S. 17–24, Magdeburg, Germany, 2003.

[113] R. Hoffmann, M. Eichner und M. Wolff, "Analysis of Verbal and Nonverbal

Acoustic Signals with the Dresden UASR System," in *A. Esposito et al. (Ed.): Verbal and Nonverbal Commonication Behaviours*, S. 200–218, Springer, 2007, ISBN-13: 978-3-540-76441-0.

[114] H. Husni, "Automatic Speech Recognition Model for Dyslexic Children Reading in Bahasa Melayu," Dissertation, Universiti Utara Malaysia, 2010.

[115] K. Iler Kirk, D. Pisoni und L. Lachs, "Audiovisual integration of speech by children and adults with cochlear implants," in Proc. of ICSLP, 2002.

[116] International Phonetic Association, "Handbook of the International Phonetic Association: A guide to the use of the International Phonetic Alphabet," Cambridge University Press, 1999, ISBN 978-0-521-65236-0.

[117] D. Iskra, B. Grosskopf, K. Marasek, H. Van Den Heuvel, F. Diehl und A. Kiessling, "Speecon-speech databases for consumer devices: Database specification and validation," in *Proc. of LREC*, 2002.

[118] T. Jahn, "Die kindliche Sprachentwicklung von der U3 bis zur U9," Deutscher Bundesverband für Logopädie e.V. (dbl), Berufsverband der Kinder- und Jugendärzte (BVKJ), 2. Auflage, beziehbar über die Geschäftsstelle des Deutschen Bundesverbandes für Logopädie (dbl), 2005.

[119] T. Jahn, "Phonologische Störungen bei Kindern: Diagnostik und Therapie," 2. Auflage, Thieme Verlag, Stuttgart, 2007, ISBN 978-3131240927.

[120] R. Jakobsen, "Kindersprache, Aphasie und allgemeine Lautgesetze," Suhrkamp, 1969, ISBN 978-3518103302.

[121] O. Jokisch, H.-U. Hain, R. Petrick und Rüdiger Hoffmann, "Robustness optimization of a speech interface for child-directed embedded language tutoring," in *Proc. of Workshop on Child, Computer, and Interaction*, 2009.

[122] S. Kasuriya und A.D.N. Edwards, "Pilot experiments on children's voice recording," in *Proc. of Workshop on Child, Computer, and Interaction*, 2009.

[123] K. Kauschke, "Kindlicher Spracherwerb im Deutschen: Verläufe, Forschungsmethoden, Erklärungsansätze (Germanistische Arbeitshefte)," De Gruyter Verlag, Berlin, Boston, 2012, ISBN 978-3110283884.

[124] A. Kazemzadeh, H. You, M. Iseli und B. Jones, "Tball data collection: the making of a young children's speech corpus," in *Proc. of Interspeech*, 2005.

[125] S. Lee, A. Potamianos und S. Narayanan, "Analysis of children's speech: duration, pitch and formants," in *Proc. of Eurospeech*, 1997.

[126] S. Lee, A. Potamianos und S. Narayanan. "Acoustics of children's speech: Developmental changes of temporal and spectral parameters," in *Journal of the Acoustical Society of America*, vol. 105, no. 3, S. 1455–1468, March 1999.

[127] R.G. Leonard, "A database for speaker-independent digit recognition," in *Proc. of ICASSP*, 1984.

[128] Q. Li und M.J. Russell, "An analysis of the causes of increased error rates in children's speech recognition," in *Proc. of ICSLP*, 2002.

[129] X. Li, Y.-C. Ju, L. Deng und A. Acero, "Efficient and robust language modeling in an automatic children's reading tutor system," in *Proc. of ICASSP*, S. 193–196, 2007.

[130] X. Li, L. Deng, Y.-C. Ju und A. Acero, "Automatic children's reading tutor on hand-held devices," in *Proc. of Interspeech*, S. 1733–1736, 2008.

[131] E. Lieven, "Conversations between mothers and children: individual differences and their implications for the study of language learning," in N. Waterson und C. Snow (Eds., "The development of communication: Social and pragmatic factors in language acquisition," Wiley, London, 1978.

[132] M. Lincoln, S. Cox und S. Ringland, "A fast method of speaker normalisation using formant estimation, in *Proc. of Eurospeech*, 1997.

[133] J. Lööf, H. Ney und S. Umesh, "VTLN Warping Factor Estimation Using Accumulation of Sufficient Statistics," in *Proc. of ICASSP*, 2006.

[134] S.M. Lulich, "The role of lower airway resonances in defining vowel feature contrasts," Dissertation, Massachusetts Institute of Technology, Havard-MIT Division of Health Sciences and Technology, 2006.

[135] S.M. Lulich, H. Arsikere, J.R. Morton, G.K. Leung, A. Alwan und M.S. Sommers, "Analysis and automatic estimation of children's subglottal resonances," in *Proc. of Interspeech*, S. 2817–2820, 2011.

[136] B. MacWhinney, "The CHILDES Project: Tools for Analyzing Talk," *Lawrence Erlbaum Associates*, 2000.

[137] A. Maier, C. Hacker, E. Nöth, E. Nkenke, T. Haderlein, F. Rosanowski, M. Schuster, "Intelligibility of Children with Cleft Lip and Palate: Evaluation by Speech Recognition Techniques," in *Proc. of International Conference on Pattern Recognition*, Hong Kong, 2006.

[138] A. Maier, F. Hönig, C. Hacker, M. Schuster und E. Nöth, "Automatic Evaluation of Characteristic Speech Disorders in Children with Cleft Lip and Palate," in *Proc. of Interspeech*, S. 1757 – 1760, Brisbane, Australia, 2008.

[139] A. Maier, *Speech of children with cleft lip and palate: Automatic assessment*, Dissertation, Universität Erlangen-Nürnberg, 2009.

[140] M.G. Maragakis und A. Potamianos, "Region-Based Vocal Tract Length Normalization for ASR," in *Proc. Interspeech*, 2008.

[141] K. Matthes, F. Claus, H.-U. Hain und R. Petrick, "Herausforderungen an Sprachinterfaces für Kinder," in *Proc. of ESSV*, 2010.

[142] J. McDonough, W. Byrne und X. Luo, "Speaker Normalization with All-Pass Transforms," in *Proc. of ICSLP*, 1998.

[143] J. Meibauer und M. Rothweiler, "Das Lexikon im Spracherwerb," UTB Verlag, Stuttgart, 1999, ISBN 978-3825220396.

[144] A. Miguel, E. Lleida, R. Rose, L. Buera und A. Ortega, "Augmented State Space Acoustic Decoding for Modeling Local Variability in Speech, in *Proc. of Interspeech*, 2005.

[145] A. Miguel, E. Lleida, R. Rose, L. Buera, Ó Saz und A. Ortega, "Capturing Local Variability for Speaker Normalization in Speech Recognition," in *IEEE Transactions on Audio, Speech, and Language Processing*, 2008.

[146] S. Molau, S. Kanthak und H. Ney, "Efficient vocal tract normalization in automatic speech recognition," in *Proc. of ESSV*, Cottbus, 2000.

[147] S. Molau, *Normalization in the acoustic feature space for improved speech recognition*, Dissertation, Universität Aachen, 2003.

[148] S. Montanari, S. Yildirim, E. Andersen und S.S. Narayanan, "Reference Marking in Children's Computer-Directed Speech: An Integrated Analysis of Discourse and Gestures," in *Proc. of ICSLP*, 2004.

[149] J. Mostow und G. Aist, "Evaluating tutors that listen: An overview of Project LISTEN," in *K. D. Forbus & J. P. Feltovich (Eds.), Smart machines in education: The coming revolution in educational technology*, S. 169–234, 2001.

[150] B. Möbius, "German and multilingual speech synthesis," Habilitation, Arbeitspapiere des Instituts für Maschinelle Sprachverarbeitung, Lehrstuhl für experimentelle Phonetik, Universität Stuttgart, 2001.

[151] B. Möbius, "Ein exemplartheoretisches Modell zum Erwerb der akustischen Korrelate der Betonung," *DFG-Abschlussbericht*, 2007.

[152] B. Möbius, "Sprachsynthese I," Vorlesungsunterlagen, Universität Stuttgart, Institut für Maschinelle Sprachverarbeitung, (jetzt Universität des Saarlandes, Fachrichtung 4.7 Allgemeine Linguistik).

[153] K. Möbius, "Pädagogische Konzeption für einen interaktiven Lehrgang zur kindlichen Sprachförderung unter besonderer Berücksichtigung psycholinguistischer Befunde," Magisterarbeit, Technische Universität Dresden, Fakultät Erziehungswissenschaften, Dresden, 2011.

[154] S.S. Narayanan und A. Potamianos, "Creating conversational interfaces for children," in *IEEE Transactions on Speech and Audio Processing*, vol. 10, no. 2, S. 65–78, February 2002.

[155] K. Nelson, "Structure and strategy in learning to talk," in *Monographs of the Society for Research in Child Development*, Vol. 38, No. 1 – 2, 1973.

[156] K. Nelson, "Individual differences in language development: Implications for development and language," in *Developmental Psychology*, Vol. 17, S. 170 – 187, 1981.

[157] W. de Nève, W. Presber (Hrsg.) "Ergotherapie: Grundlagen und Techniken," 4. Auflage, Urban&FischerVerlag, Elsevier GmbH, 2003, ISBN 978-3437479809.

[158] P.E. Nordström und B. Lindblom, "A Normalization Procedure for Vowel Formant Data," in *Proc. of Int. Cong. Phonetic Sci.*, Leeds, England, 1975.

[159] E. Oksaar, "Spracherwerb im Vorschulalter, Einführung in die Pädolinguistik," 2. Aufl., Kohlhammer, Stuttgart, 1987.

[160] S. Panchapagesan und A. Alwan, "Multi-parameter frequency warping for VTLN by gradient search," in *Proc. of ICASSP*, 2006.

[161] S. Panchapagesan und A. Alwan, "Frequency warping for VTLN and speaker adaptation by linear transformation of standard MFCC," in *Journal Computer, Speech, and Language*, Vol 23, Issue 1, 2009.

[162] G. Peterson und H. Barney, "Control methods used in a study of the vowels," in *Journal of the Acoustical Society of America*, 1952.

[163] S. Pinker, "The language instinct: The new science of language and mind," Penguin Books, 1994, ISBN 978-0140175295. (Deutsch: S. Pinker, "Der Sprachinstinkt: wie der Geist die Sprache bildet," Droemer Knaur, München, 1996, ISBN 978-3426773635.)

[164] S. Pinker, "Words and Rules: The ingredients of language," Harper Perennial, New York, 2011, ASIN: B004ZIGWKK.

[165] M. Pitz, S. Molau, R. Schlüter und H. Ney, "Vocal Tract Normalization Equals Linear Transformation in Cepstral Space," in *Proc. of Eurospeech*, 2001.

[166] M. Pitz und H. Ney, "Vocal Tract Normalization as Linear Transformation of MFCC," in *Proc. of Eurospeech*, 2003.

[167] M. Pitz und H. Ney, "Vocal Tract Normalization Equals Linear Transformation in Cepstral Space," in *IEEE Transactions on Speech and Audio Processing*, Vol 13, No. 5, 2005.

[168] A. Potamianos, S.S. Narayanan und S. Lee, "Automatic speech recognition for children," in *Proc. of Eurospeech*, 1997.

[169] A. Potamianos und S.S. Narayanan, "Spoken dialog systems for children," in *Proc. of ICASSP*, 1998.

[170] A. Potamianos und S.S. Narayanan, "Robust recognition of children's speech," in *IEEE Transactions on Speech and Audio Processing*, vol. 11, no. 6, S. 603–616, November 2003.

[171] R. Probst, G. Grevers und H. Iro, "Hals-Nasen-Ohren-Heilkunde," 2. Auflage, Georg Thieme Verlag, Stuttgart, New York, 2004, ISBN 978-3131190321.

[172] Project LENA, http://www.lenafoundation.org, 2014.

[173] J. Pylkkönen, "Estimating VTLN Warping Factors by Distribution Matching,"

in *Proc. of Interspeech*, 2007.

[174] S. P. Rath, S. Umesh und A. K. Sarkar, "Using VTLN Matrices for Rapid and Computationally-Efficient Speaker Adaptation with Robustness to First-Pass Transcription Errors," in *Proc. of Interspeech*, 2009.

[175] G. Riccardi, A. Potamianos und S. Narayanan, "Language model adaptation for spoken language systems," in *Proc. of ICSLP*, 1998.

[176] W.R. Rodríguez und E. Lleida, "Formant Estimation in Children's Speech and its application for a Spanish Speech Therapy Tool," in *Proc. of Workshop on Speech and Language Technology in Education*, 2009.

[177] I. Rogina, "Sprachliche Mensch-Maschine-Kommunikation," Buch zum Vorlesungsmaterial, Hochschule Karlsruhe Technik und Wirtschaft, 2005.

[178] R. Rose, A. Keyvani und A. Miguel, "On the Interaction Between Speaker Normalization, Environment Compensation, and Discriminant Feature Space Transformations," in *Proc. ICASSP*, 2006.

[179] P. Rosenbeck, B. Baungaard, C. Jacobsen und D.-J. Barry, "The Design and Efficient Recording of a 3000 Speaker Scandinavian Telephone Speech Database: Rafael.0," in *Proc. of ICSLP*, 1994.

[180] P. Rubin und E. Vatikiotis-Bateson, "Talking Heads," Yale University, Haskins Laboratories, 2013. http://www.haskins.yale.edu/featured/heads/mmsp/acoustic.html

[181] S. Rupp, "Semantisch-lexikalische Störungen bei Kindern: Sprachentwicklung: Blickrichtung Wortschatz (Praxiswissen Logopädie)," Springer-Verlag Berlin Heidelberg, 2013, ISBN 978-3642380181.

[182] M. Russell, R. Series, J. Wallace, C. Brown und A. Skilling, "The STAR system: an interactive pronunciation tutor for young children," in *Computer Speech and Language*, Academic Press, S. 161–175, 2000.

[183] M. Russell, S. D'Arcy und L. Qun, "The effects of bandwidth reduction on human and computer recognition of children's speech," in *IEEE Signal Processing Letters*, Vol. 14, No. 12, S. 1044 – 1046, 2007.

[184] D. R. Sanand und M. Kurimo, "A Study on Combining VTLN and SAT to Improve the Performance of Automatic Speech Recognition," in *Proc. of Interspeech*, 2011.

[185] C. Schaner-Wolles, "Biolinguistik," in P. Biesaklski und F. Frank (Hrsg.) "Phoniatrie – Pädaudiologie," Thieme Verlag, Stuttgart New York, S. 37 – 61, 1994, ISBN 978-3136199022.

[186] K. Schnell, *Rohrmodelle des Sprechtraktes. Analyse, Parameterschätzung und Syntheseexperimente*, Dissertation, Johann Wolfgang Goethe-Universität, Frankfurt am Main, 2003.

[187] A. Sfakianaki und P. Roach, "SPECO: Computer-based phonetic training for children," in *Proc. of the Phonetics Teaching & Learning Conference*, 2001.

[188] X. Shao und B. Milner, "MAP prediction of pitch from MFCC vectors for speech reconstruction," in *Proc. of ICSLP*, 2004.

[189] X. Shao und B. Milner, "Pitch prediction from MFCC vectors for speech reconstruction," in *Proc. of ICASSP*, 2004.

[190] K. Shobaki, J.-P. Hosom und R. Cole, "The OGI kids' speech corpus and recognizers," in *Proc. of ICSLP*, 2000.

[191] C. Shore, "Individual differences in language development," Sage publications, 1995, ISBN 978-0803948808.

[192] R. Sinha, S. Umesh, "Linear Transformation Approach to Shift based Speaker Normalisation," in *Proc. of National Conference on Communications*, 2006.

[193] R. Sinha und S. Ghai, "On the use of pitch normalization for improving children's speech recognition," in *Proc. of Interspeech*, 2009.

[194] J. Smith und J. Abel, "Bark and ERB bilinear transforms," in *IEEE Transactions on Speech and Audio Processing*, Vol. 7, S. 697 – 708, 1999.

[195] SpeechHome project,
http://www.media.mit.edu/cogmac/projects/hsp.html, 2014.

[196] S. Steidl, G. Stemmer, C. Hacker, E. Nöth, and H. Niemann, "Improving children's speech recognition by HMM interpolation with an adults' speech recognizer," in *Proc. of DAGM Symposium*, 2003.

[197] S.S. Stevens, J. Volkmann und E. Newman, "A Scale for the Measurement of the Psychological Magnitude Pitch," in Journal of the Acoustical Society of America, Vol. 8, Issue 3, S. 185–190, 1937.

[198] G. Strecha, "Skalierbare akustische Synthese für konkatenative Sprachsynthesesysteme," Dissertation, Technische Universität Dresden, Fakultät Elektrotechnik und Informationstechnik, TUDpress, erscheint vsl. 2014.

[199] E.F. Strommen und F.S. Frome, "Talking back to big bird: Preschool users and a simple speech recognition system," in *Educational Technology Research and Development*, vol. 41, no. 1, S. 5–16, 1993.

[200] D. Sündermann, *Text-Independent Voice Conversion*, Dissertation, Universität der Bundeswehr München, Fakultät für Elektrotechnik und Informationstechnik, 2007.

[201] G. Szagun, "German – Szagun," Talk Bank, 2004.

[202] G. Szagun, "Sprachentwicklung beim Kind," 3. aktualisierte Auflage, Beltz Verlag, Weinheim und Basel, 2010, ISBN 978-3-407-85896-2.

[203] S. Takeuchi, T. Cincarek, H. Kawanami, H. Saruwatari und K. Shikano, "Ques-

tion and answer database optimization using speech recognition results," in *Proc. of Interspeech*, 2008.

[204] L.F. Uebel und P.C. Woodland, "An investigation into vocal tract length normalisation," in *Proc. of Eurospeech*, 1999.

[205] S. Umesh, S. V. Bharath Kumar, M. K. Vinay, R. Sharma und R. Sinha, "A simple approach to non-uniform vowel normalization," in *Proc. of ICASSP*, 2002.

[206] S. Umesh, S. V. Bharath Kumar, "Study of Non-linear Frequency Warping functions for Speaker Normalisation," in *Proc. of National Conference on Communications*, 2006.

[207] K. Vicsi, P. Roach, A. Öster, Z. Kacic, P. Barczikay und I. Sinka, "SPECO A Multimedia Multilingual Teaching and Training System for Speech Handicapped Children," in *Proc. of Eurospeech*, 1999.

[208] H. Vorperian und R. Kent, "Vowel acoustic space development in children: a synthesis of acoustic and anatomic data," in *Journal of Speech, Language, and Hearing Research*, Vol. 50, S. 1510 – 1545, 2007.

[209] W. Wahlster (Ed.): "Verbmobil: Foundations of Speech-to-Speech Translation," Springer-Verlag Berlin Heidelberg, 2000, ISBN 3-540-67738-6.

[210] H. Wakita, "Normalization of vowels by vocal-tract length and its application to vowel identification," in *IEEE Transactions on Acoustics, Speech and Signal Processing*, vol. 25, no. 2, S. 183–192, April 1977.

[211] N. Waterson, "Early Speech Perception and Production: some Points to Ponder," in B. Narr & H. Wittje (Hrsg), "Spracherwerb und Mehrsprachigkeit: Festschrift für Els Oksaar zum 60. Geburtstag," Tübinger Beiträge zur Linguistik, 295, Tübingen, S. 9 – 26, 1986.

[212] S. Wegmann, D. McAllaster, J. Orloff und B. Peskin, "Speaker normalization on conversational telephone speech," in *Proc. of ICASSP*, 1996.

[213] S. Werner, "Sprachsynthese und Spracherkennung mit gemeinsamen Datenbasen: Sprachmodell und Aussprachemodellierung," Dissertation, Technische Universität Dresden, Fakultät Elektrotechnik und Informationstechnik, 2008, ISBN 978-3-940046-65-9.

[214] C.-M. Westendorf, "melfilter v1.1 – ein Signalanalyseprogramm," Verbmobil, Technisches Dokument 40, Technische Universität Dresden, Institut für Akustik und Sprachkommunikation, März 1996.

[215] K.T. Williams, "Technical references to the Peabody picture vocabulary test– Third edition (PPVT-III)," American Guidance Service, 1997, ASIN B0006FAVAS, aktuelle Version: L.M. Dunn und D.M. Dunn, "Peabody picture vocabulary test, fourth edition," verfügbar über http://www.pearsonclinical.com/language/products/100000501/peabody-

picture-vocabulary-test-first-edition-ppvt-1.html#details, 2007, zuletzt geprüft: 1. 12. 2013.

[216] J.G. Wilpon und C.N. Jacobsen, "A study of speech recognition for children and the elderly," in *Proc. of ICASSP*, 1996.

[217] M. Wolff: Homepage des Instituts für Akustik und Sprachkommunikation der Technischen Universität Dresden, http://www.ias.et.tu-dresden.de/ias/systemtheorie-und-sprachtechnologie/forschung/sprachtechnologie/, Stand 2009, zuletzt geprüft 09.01.2014.

[218] P.C. Woodland, "Speaker adaptation for continuous density HMMs: A review," in *ITRW on Adaption Methods for Speech Recognition*, S. 11–19, Sophia Antipolis, Frankreich, 2001.

[219] S. Yildirim und S.S. Narayanan, "Automatic Detection of Disfluency Boundaries in Spontaneous Speech of Children Using Audio – Visual Information," in *IEEE Transactions on Audio, Speech, and Language Processing*, vol. 17, no. 1, S. 2–12, January 2009.

[220] S. Young, "HMMs and Related Speech Recognition Technologies," in J. Benesty, M. M. Sondhi und Y. Huang, (Eds.): Springer Handbook of Speech Processing, Springer-Verlag Berlin Heidelberg, 2008, ISBN 978-3-540-49125-5.